道德规范在民族复兴中的历史价值研究

赵　亮　著

东北大学出版社

·沈 阳·

ⓒ 赵 亮 2018

图书在版编目（CIP）数据

道德规范在民族复兴中的历史价值研究／赵亮著
. — 沈阳：东北大学出版社，2018.11
ISBN 978-7-5517-2042-7

Ⅰ．①道…　Ⅱ．①赵…　Ⅲ．①青少年－道德建设－研
究－中国　Ⅳ．①D432.62

中国版本图书馆 CIP 数据核字（2018）第 247948 号

出 版 者：东北大学出版社
　　　　　地址：沈阳市和平区文化路三号巷 11 号
　　　　　邮编：110819
　　　　　电话：024-83683655（总编室）　83687331（营销部）
　　　　　传真：024-83687332（总编室）　83680180（营销部）
　　　　　网址：http://www.neupress.com
　　　　　E-mail: neuph@ neupress.com
印 刷 者：沈阳航空发动机研究所印刷厂
发 行 者：东北大学出版社
幅面尺寸：170mm×240mm
印　　张：11.5
字　　数：171 千字
出版时间：2018 年 11 月第 1 版
印刷时间：2018 年 11 月第 1 次印刷
责任编辑：刘振军
责任校对：刘新宇
封面设计：潘正一

ISBN 978-7-5517-2042-7　　　　　　　　　定　价：48.00 元

前　言

　　中华民族伟大复兴的中国梦是一面高高飘扬的旗帜，鼓舞、激励、凝聚着全国人民团结奋进，向着既定的目标不懈进取，这一目标实现之日，就是中华民族洗雪近代民族之屈辱，使中华民族昂首挺胸立于世界民族之林之时。实现中华民族伟大复兴，需要全国人民的参与和奉献，需要社会的全面发展，需要各种要素充分发挥积极的作用，充分发挥道德规范的作用就是其中的要素之一。首先，完成一项重大的历史使命，需要人们保持旺盛的斗志和勇于奉献的牺牲精神，道德规范在这方面的作用不可替代。其次，民族复兴包括传统文化在当代的继承和发扬，人们思想道德素养的提高，整个社会精神文明建设水平的提升，道德规范建设的成果也是民族复兴的标志。最后，民族复兴的历史过程需要社会秩序的和谐与稳定，此时需要各种行为规范能充分发挥调整社会关系的作用，道德规范与法律规范等其他行为规范的作用日益凸显。

　　为准确理解本书中"道德规范"的含义，需要做如下两点说明。

　　第一，道德规范既可以作为伦理学中的抽象术语来理解，也可以作为具有时代特色的、包含丰富内容的词汇来认知。本书书名中的"道德规范"特指中国特色社会主义道德规范，本书主要探讨的问题就是中国特色社会主义道德规范在实现中华民族伟大复兴的中国梦的历史进程中的重要价值。中华民族伟大复兴是一个历史过程，是前无古人的伟大工程，这一过程的快与慢、进展得是否顺畅，影响因素固然有很多，如外部因素、内部因素、自然与地理因素等。在内部因素的各种构成中，人应当是具有决定作用的因素。这里所说的人，既包括个体的人，也包括群体的人。而人的作用的发挥程度如何，与人的精神状态、与人的思想道德素养有密切关联，社会主义道德规范建设的作用可想而知。

　　第二，社会主义道德规范可以有广义与狭义之分。狭义的道德规范仅指被特别确定的、内容具体明确的道德规范，如在2001年中共中央印发的《公民道德建设实施纲要》中，明确提出了我国公民的道德规范，这些道德规范由公民基本道德规范和三大社会生活领域中的道德规范构成，内容十分具体，针对性很强。广义的道德规范是在狭义理解的道德规范的基础上，所有道德上的规范和要求，如社会主义道德建设的核心是为人民服务，社会主义道德的基本原则是集体主义，以及人道主义原则、社会公正原则、诚信原则等其他原则，还包括我国《宪法》所提倡的"爱祖国、爱人民、爱劳动、爱科学、爱社会主义的公德"等。总之，当代中国特色社会主义道德的所有要求，都是本书中所指的"道德规范"。因此，书中出现的"道德规范"在没有特别说明的情况下，一般是指社会主义道德规范，且是指广义上的社会主义道德规范。

为理解道德规范的相关问题，本书第一章从规范的基本问题谈起，阐释了规范的内涵及其分类，以及道德规范与法律规范、宗教规范、习惯规范的关系，社会主义道德规范与社会主义核心价值观的关系等问题。第二章阐释了民族复兴中道德规范的独特价值，包括设定人们行为的评判标准，约束和规范社会群体的行为；培养有志向、有理想，奋进向上的一代新人；平衡人们的认知状态，实现社会的和谐稳定；继承中华民族优良传统，弘扬民族优秀品格；等等。还分析了对道德规范作用的一些误读。第三章至第六章紧密结合我国社会主义道德规范建设的实际，就如何进行社会主义道德规范建设的相关问题专门进行了探讨。其中，第三章和第四章分别就两类特殊的社会群体，即青少年和公职人员的道德规范建设问题进行了专门的阐释。第五章阐释了如何理解和发挥道德模范在社会道德规范建设中的作用问题。第六章就怎样进行道德规范建设，从道德规范建设应遵循的原则、道德规范建设应正确处理的几个关系、道德规范建设应解决的主要问题等几个方面进行了阐释。

本书以马克思主义理论、新时代中国特色社会主义理论为指导，坚持理论联系实际，从实现中华民族伟大复兴的中国梦的需要出发，试图探讨中国特色社会主义道德规范建设的相关问题，为人们理解和践行社会主义道德规范提供一定的借鉴和参考。由于作者的理论研究水平和对民族复兴的相关问题的认识和理解的程度有限，不当之处在所难免，恳请批评指正。

赵 亮

2018 年 9 月

目 录

第一章　规范与道德规范概述

在中华民族伟大复兴的历史进程中，决定因素和影响因素有很多，其中人的因素具有决定性作用，因为任何艰巨复杂的任务都要由人来完成，而人的素质状态又影响到人的作用的发挥。在人的素质因素中，道德素质因素又极为重要，搞好社会的道德规范建设对人的素质的完善、对社会的精神文明建设、对民族复兴均具有重要意义。探讨道德规范建设，要从探讨规范与道德规范的基本问题开始。

第一节　规范的内涵及分类

一、规范的含义

（一）规范的一般定义

规范是现实生活中经常使用的词汇之一，涉及对规范内涵的理解也有所不同。规者，尺规也；范者，模具也。两者都是对物、料的约束器具，将"规"和"范"合起来，构成"规范"一词，其原意乃约束之器具也。随着规范一词被广泛使用，其含义被不断扩充，远不止器具、原有的约束器具，已超出了对物、料等自然物的约束，扩展为对人的行为和思想的约束。这里所说的规范，当然是以人为特定对象，泛指对人的约束。《现代汉语小词典》将规范解释为"约定俗成或明文规定的标准"[1]；《辞海》将其解释为"标准；法式"[2]，如道德规范、技术规范、语言规范；《词源》同样将其解释为"标准，法式"[3]，并将规则与规范同意，指共同遵守的办事章程。

以上关于规范的解释，一般是将规范作为名词来使用。然而，规范既有名词的词性，又有形容词的词性，还有动词的词性。当把规范作为动词来使用时，一般是指按照既定的标准进行操作，或者设定的明确而具体的要求，如规范管理、规范操作，具有约束、控制之意。也有时将规范作为形容词来使用，如文章的格式很规范、企业的管理很规范等，指有规则、有条理、按部就班之意。本书探讨的规范，是将规范作为名词来使用，探讨道德规范、法律规范等规范的相关问题及其现实价值。

如果将规范限定在以人为约束对象，且作为名词词性来使用，以当下哲学社会科学为基础来定义规范的含义，那么，笔者认为，所谓规范是指由特定的主体专门制定或由历史延续而成、对人们的行为和思想具有一定约束作用的规则和要求，遵守规范可以获得相关的利益，违反规范会承担不利的后果。

（二）规范的产生

人类社会的形成经历了一个漫长的发展过程，在人类社会形成之前或形成之初，人作为简单的个体成员与其他动物没有差别时，人的存在没有规范的约束，也不需要规范的约束。这时的生产力水平极低，人们只是为了维持生存的最低标准而进行以个体行为为主的活动。随着人们为生存和与自然作斗争的需要，形成了群体和群体生活的部落，形成了人与人之间的社会关系。在这一过程中，人们的自我意识也逐渐形成，逐渐形成了判断是非的认知，了解了群体规则的重要性，认识到群体活动中最重要的问题是什么，人类群体赖以延续和发展的要求是什么，就是人们要共同遵守的原则、规范。可以认为，人们为生活和生存的需要而形成群体，进而形成人类社会，人们也认识到群体规则的重要性，规范也随之产生。

规范的产生对人类社会而言，具有十分重要的意义。有了规范，人们才会在群体活动中有所遵循、有章可循，集中力量与强大的自然力作斗争，体现群体团结的力量；有了规范，才会维护群体的秩序和相对稳定的生活状态，使人类群体一代一代地传承和延续下去，直至发展到今天。从某种意义上说，人类社会之所以能延续到今天，规范发挥了决定性的作用。今天的任何一个国家、任何一个社会群体，以至于整个人类社会，比以往任何时候更强调规范的建设。只是理解和强调的内容有所不同罢了。

从古至今，规范的发展遵循着自身的发展规律，经历了由简单到复杂、由混合不清到分门别类、由个别到一般的过程。规范与人类社会的形成同步，也与人类社会的发展进步同步，规范的进步程度标志着人类社会的进步程度。人类社会的未来发展，既需要规范的积极作用，也需要与时代发展相适应的新规范的产生。

关于规范的表现形式，最初是口口相传、约定俗成，人类创造文字之后，规范成为文字表达的重要内容。与人类社会的发展相适应，规范逐步被条文化，且分门别类。现今有不同的学科专业，研究不同的规范。

（三）规范的特征

1. 规范与人类社会群体的形成同时出现

为什么规范与人的群体、与人类社会的形成同时出现？是一种需要，是维护群体生活秩序、维护群体利益的需要，这种需要被群体所共同认知和接受，为群体所共同遵守。没有规范，群体中任何个体的行为都杂乱无章，人们为所欲为，则无法与严酷的自然作斗争，群体就无法生存、延续、发展，人类社会发展至今，在某种意义上是遵循规范的结果。

2. 规范的实质是人类群体的自我约束

这也是人类区别于其他动物的标志，正是因为知道这种约束的重要性，并使大多数成员自觉遵守，才会有人类的强大，在万物竞生的远古时期，人类才会脱颖而出，逐步强大，实现对其他生物的绝对控制权。如果人类没有规范，或者不遵守规范，就不会有人类的强大，更不会有人类的今天。首先，规范意在实现对人的约束，进而实现人的自我约束，保证群体中的大多数成员能接受规范、遵守规范，同不规范的行为作斗争，实现规范的约束价值。其次，规范是对人的行为约束与思想约束的结合。一般来说，规范重在约束人们的外在行为表现，约束人们可以做什么、不可以做什么，几乎所有的规范都是如此。因此可以认为，规范以约束人们的行为为主。而有些规范（如道德规范、宗教规范等），还对人们的思想、心理具有调整约束作用，通过对善与恶、是与非、真与假、美与丑的判断，做出选择，实现心理上的自我评价、自我扬弃。

3. 规范的约束方式是对人的行为与思想的"软"约束与"硬"约束的结合

规范作为群体性规则，违反之后会怎么样？违反者要承担什么样的后果？对于群体而言，可能追究的方式主要有两种：一是进行贬损的负面评价，使公众与其划清界限，使被评价者被群体所抛弃或远离，被排斥于群体之外，孤立无援，举步维艰，这种无形的惩罚尽管是一种"软"约束，仍能够树立起规范的权威，确保大多数人对规范的遵守；二是利用强制性手段，对违犯规范的人限制人身自由，甚至剥夺生命，古代的"以眼还眼，以牙还牙"还表现出直接的残害身体，这种"硬"约束所体现的强制性，足以威慑那些试图严重违犯规范的人，抑制严重危害群体、扰乱群体秩序的行为发生。对于个体成员而言，不知规范、藐视规范、违反规范，可能会受到三种惩罚：自然规律的惩罚、社会强制力的惩罚、人的自我心理评价的惩罚。

4. 规范与人类社会共始终

规范产生于人类社会形成之初，规范也将伴随着人类社会的存在，一直存在下去，就是说，只要有人类社会的存在，就离不开规范的约束。因为群体的存在需要规范对人们行为的约束和限制，表面看似杂乱无章的社会，人们的行为似乎充分自由的同时，必须有行为的底线约束，每个成员必须知道哪些可为、哪些不可为，在自己享受自由的同时，尊重他人和群体的自由，不能用自己的充分自由去干预和剥夺他人和群体的自由行为，导致他人和群体的不自由。同时，规范又是可变的，并非一成不变，人类社会的存在需要规范的约束，但随着人类社会的发展，某些规范可能失去现实价值，甚至阻碍社会的发展。对规范的不断调整，创造适应现实和未来发展的新规范，是对人们的基本要求。世界未来的发展将面对许多前所未有的新问题，中国作为发展中国家，面临着内外新环境、新情况，这些都需要一些新规范的调整。

二、规范的分类

（一）按照社会形态划分

迄今为止，人类社会经历了原始社会、奴隶社会、封建社会、资本主义社会、社会主义社会五种社会形态，每一种社会形态均有反映自身特点的社会规范。

1. 原始社会规范

原始社会的社会规范是在漫长的人类进化发展中逐渐形成的、带有约定俗成特点的规则和群体行为要求。这些规范包括习惯规范、宗教规范、道德规范等，对人们的行为和思想进行约束和控制，以维护原始社会的活动秩序和群体意志。这些规范中有的具有强制性，有的不具有强制性。其中的强制性规范是否属于法律规范？由于这时尚未出现阶级和国家，这些强制性规范尚未上升为国家意志，因此不应属于法律规范，而应当归入习惯规范。

2. 奴隶社会规范

奴隶社会的社会规范是由奴隶制国家制定的，或者由各类群体制定或形成的，或者延续原始社会的规范而为人们所认可、接受的规则和群体要求。其中由奴隶制国家制定的、反映奴隶主阶级意志和要求的强制性规范，即法律规范是人类历史上初始产生的，这种强制性行为规范一直延续至今，只是随着社会的发展变化而不断发展进步。

3. 封建社会规范

封建社会的社会规范是由封建制国家制定，或者由其他群体制定或形成，继承奴隶制社会规范特色而形成的社会规则或群体要求。其中由封建地主阶级制定的法律规范和倡导的道德规范是主要的社会规范，代表封建地主阶级的利益和意志，其作用和影响在社会中占据主要地位。

4. 资本主义社会规范

资本主义社会的社会规范是由资本主义国家制定，或者由其他群体制定或形成，代表不同社会群体利益和意志的社会规则或群体要求。其中资本主义国家制定的社会规范在调整资本主义社会关系、约束人们的思想和行为方面，发挥着主导的作用。与封建社会相比较，资本主义社会是人类社会发展的一次飞跃，其制定和倡导的社会规范具有明显的进步。

5. 社会主义社会规范

社会主义社会的社会规范是由社会主义国家制定或倡导，反映国家和人民利益及意志的规则或行为与思想的要求。也包括由其他群体制定或形成，对群体具有约束作用的规则或要求。社会主义社会是人类历史上最先进的社会，由其国家制定和倡导的社会规范综合和归纳了人类历史上各类规范的合理成分，又适应社会发展要求，创造性地制定的全新的社会规范，代表了广大人民群众的根本利益，代表了社会发展的方向，是迄今为止最先进、最科学的社会规范。

（二）按照阶级属性划分

按照社会形态划分的社会规范，是按照人类社会的发展进程，依照时间顺序的划分，是一种纵向的划分。如果按照同一社会同时存在的社会规范来划分，或者按照横向划分，则有性质不同、作用不同、方式不同的多种规范，这些规范同时存在，但可能是冲突或矛盾的。对此进行划分，可以概括为统治阶级的规范和被统治阶级的规范两大类。

1. 统治阶级的规范

统治阶级的规范是指由统治阶级制定或倡导，反映统治阶级利益和意志，约束被统治阶级的行为和思想，调整统治阶级的内部矛盾的规则和要求，其根本目的是为了维护统治阶级的统治。奴隶社会、封建社会、资本主义社会的统治阶级均是少数的剥削者，人民群众成为被剥削、被统治的对象，其制定和倡导的规范是为少数人服务的，是不公平、反动的规范。社会主义社会的统治阶级是工人阶级和广大人民群众，其制定和倡导的规范是服务于广大人民群众的，是为人民谋利益的，是人类历史上公平正义、科学先进的社会规范。

2. 被统治阶级的规范

被统治阶级是一个重要的社会群体，在奴隶社会、封建社会、资本主义社会，被统治阶级占人口的大多数，是与统治阶级对立的群体。这一群体为维护自身利益、反抗剥削和压迫、向自然界斗争、获取生存的资源，也会制定和倡导本阶级的行为和思想规范。尤其是阶级矛盾和冲突加剧，被统治阶级试图要推翻和取代统治阶级的时候，被统治阶级要制定和倡导更为详尽、具体的规范，动员和带动更多的人加入自己的队伍，壮大与统治阶级斗争的力量。一旦被统治阶级实现了政治目标，完成了推翻统治阶级的任务，还会以统治阶级的身份制定、颁行和倡导反映自身要求的社会规范。

（三）按照规范的性质和学科门类划分

在规范由简单到复杂的发展过程中，由规范的自身属性所决定，逐渐形成了不同的调整对象，逐步成为不同学科的研究对象。

1. 道德规范

道德规范是诸多社会规范的一种，是从一定社会或群体利益出发，用以调整人与人之间的利益关系的行为准则，也是判断、评价人们行为善恶的标准。道德规范的形成源于人们的社会生活实践，是社会发展的客观要求和人们的主观认识相统一的产物，是对人们的道德行为和道德关系的普遍规律的反映和概括。道德规范指判断善与恶、对与错、是与非、荣与辱等的道德准则。人们能够按照道德规范的要求行为，就是善行；违反道德规范的行为，就是恶行。道德规范是由一定的社会物质条件和社会关系所决定的，同时又是一定社会或一定阶级的人们自觉行为的产物。道德规范是随着社会的发展而不断发展的，具有历史性和继承性。关于道德规范的具体内容以及道德规范建设等问题，将在后续的探讨中涉及。

2. 法律规范

法律规范是指由国家制定或认可、由国家强制力保证实施、具有普遍约束力和严格程序的行为规则，是统治阶级意志的集中体现。法律规范是为适应阶级和国家的产生而同时出现的，其根本目的是为了维护统治阶级的利益，保证统治阶级的社会秩序。法律规范与其他社会规范相比较的一个重要特征就是由国家强制力保证实施，违犯法律规范就要承担相应的后果，其强制程度直至可以剥夺人的生命，显然其他规范不具有这样的强制性。法律规范的另一个突出特征是要由国家制定或认可，直接代表国家意志，一般来说，在一个国家中，只能有统治阶级的法律规范，而其他社会规范则不同，如在一个国家中，既可以有统治阶级的道德，又可以有被统治阶级的道德。

3. 宗教规范

宗教规范是指不同类别、不同流派的宗教在长期发展过程中形成的对信仰本宗教的成员所要求遵循的规则、戒律。宗教的产生源于人们对自然界认知的有限，信奉能掌控万物生灵的超自然力的存在。信奉某种宗教，使信徒实现了心灵的寄托，心甘情愿为信仰的"神"付出所有。信徒遵守和践行宗教规范，具有超强的自觉性、亲和性。宗教规范与道德规范、法律规范等社会规范既有重合、一致或相近的一面，也有矛盾、冲突、互不相容的一面。在政教合一的国家，法和宗教规范关系比较密切，两者互相渗透、互相融合。如巴比伦的《汉谟拉比法典》、古印度的《摩奴法典》，既包含法律规范，也包含有宗教戒律，某些宗教规范本身也具有法的效力。在政教分离的国家，法律规范与宗教规范相互独立，为避免冲突和矛盾，往往试图寻求两者的契合。个别资本主义国家还承认某些宗教规范具有法律效力，使某些宗教规范成为法律的补充手段，以加强资本主义的统治。

4. 习惯规范

所谓习惯是指在长期生活中养成的、不易改变的行为方式，习惯规范则是在长期生活中形成的、约定俗成的、为人们所接纳和遵守的行为规则和行动要求。习惯规范一般是不成文的，在某一地区的民间被长期适用的规则。虽然习惯规范不具有国家强制性，但民间适用却可能体现出强制性。如某些地方的人一旦违犯家族家规，可能受到肉体的严重摧残。习惯规范中有些能体现优秀传统文化，与社会发展要求相适应，有些则属于腐朽落后的旧时代残余，甚至与现行的道德规范和法律规范相冲突，对此类习惯规范必须批判和摒弃，不能继承。

5. 技术规范

技术规范主要调整人与自然世界的关系，指人们支配和使用自然力、劳动工具、劳动对象，或者制造技术产品时所应遵循的行为规则。技术规范不仅要求技术人员遵守，在特定的场合，非技术人员也要遵守。如在技术高度发达、信息媒介无所不在的当下社会，遵守技术规范不仅在实验室、生产车间被特殊强调，在日常生活中也必须遵守，如手机使用规则、电视机使用程序等，遵循规则才能实现工作与生活的顺畅。当然，有些技术规范是针对特殊对象的，如实验室和生产车间的规则，有些技术规范是针对社会公众的，如在飞机和公交车等场所要遵循安全规则。技术规范与道德规范、法律规范等有密切关联，有些技术规范一旦违犯，可能对社会、他人和自己造成危害，触犯法律，这时既违犯了技术规范，也违犯了法律规范。有时在违犯技术规范的同时，也违犯了道德规范。

6. 特殊群体（专业）规范

所谓特殊群体规范是指针对特殊群体制定，约束特殊群体内个体行为的规则。这些规范既与上述规范有关联，但又有别于以上规范。这类规范的约束对象特定，调整范围特定，与此无关的人不在调整约束的范围。如某些社会团体制定的社团章程，针对律师群体制定的《律师执业行为规范》，针对法官制定的《法官行为规范》等。这类规范根据职业特点，对特殊成员提出了具体详尽的要求，以规范这些人的行为。

（四）按照规范对人们行为的约束程度划分

规范作为约束人们行为和思想的规则和要求，对人们的行为和思想具有不同程度的约束，正是这些约束的作用，适度限制了人们的行为，或者说将人们的行为限制在社会允许的范围内，规范的作用和价值就体现在这种约束和限制上。依照规范的约束和限制的程度不同、方式不同，可以将规范分为强制性规范、非强制性规范。

1. 强制性规范

所谓强制性规范，是指必须依照专门规范适用、不能以个人意志予以变更和排除适用的规范，一旦违犯这类规范，就要承担来自自身以外的、具有强制力的相应的后果，不以行为人的主观意志为转移，其突出特点是行为主体没有自行选择的余地。法律规范是众所周知的强制性规范，只要触犯了法律，就要接受强制性的制裁，不仅刑事制裁具有强制性，民事制裁、行政制裁均能体现强制性。除了法律规范，技术规范也具有一定的强制性，如果一个人违犯技术规范后果严重，触犯法律，也会受到强制性的制裁。

2. 非强制性规范

非强制性规范不同于强制性规范之处在于，违犯规范时也有来自外力的作用，但这种作用不具有强制性，不接受也不会受到强制，接受或不接受由当事主体决定。尽管非强制性规范没有强制性，但不影响其应有的作用，绝大多数人还是会接受规范的约束的，如一个人违犯道德规范，受到社会舆论、内心信念、传统习惯的评价，一般都会自我反思，对自己的行为进行调整，以便符合公众的评价。

一般来说，当代社会中的道德规范、宗教规范、习惯规范不具有强制性，尽管历史上的某一时期宗教规范、习惯规范的强制性不逊于法律，但与历史的发展进化相一致，目前大多数国家的法律都已禁止其规范的强制性。少数国家中的民间运用宗教规范、习惯规范来剥夺人的生命的情况已属极个别现象。

（五）按照规范的作用对象和有效范围划分

规范的制定者可能是国家，也可能是相关社会团体、社会组织，一般不会是一个个体成员给其他个体或群体制定规范。依照规范的内容，其针对的对象可能是其内部成员，也可能是其外部成员，从而决定了其有效范围是针对制定者内部还是外部。

1. 内部规范

内部规范是指制定规范的目的是为了调整内部成员之间的关系，约束内部成员的行为，增进内部的统一性、一致性而制定的规范。内部规范针对的对象一定是其内部成员，只在一定范围的内部有效，而对外部成员则不具备约束力。我国当下的社会规范中，属于内部规范的一些制度性规定不在少数，如《中华人民共和国会计法》、《中华人民共和国律师法》、《中华人民共和国检察官法》以及有关社会团体制定的章程、规则等，宗教规范中的大量规范也应当属于内部规范。

2. 外部规范

外部规范是指制定规范的主体在其权限范围内，为了调整外部或整个社会的关系而制定的规则。外部规范约束的对象应当是外部成员，但又应当是在制定者的权限范围内，超出这个范围，也没有约束的可能。外部规范是相对于内部规范而言的，有些规范则没有严格的界限划分，其约束的对象既包括外部成员，也包括内部成员。

（六）按照规范的历史发展进程划分

在规范形成过程中，不同时期、不同年代有不同的规范，与现实社会中的规范相对应，人们往往把此前历史中形成的规范称为传统规范。

1. 传统规范

群体在长期历史发展中形成的、对现实仍然有不同程度影响的规范称为传统规范。人类在长期发展中，不同国家、不同民族、不同区域、不同群体都可能形成有自身特点的规范，这些规范可能相同或相似，也可能截然不同。传统规范中既包含能反映优秀历史文化的规范，对当下的规范构建具有参考和借鉴价值；也可能包含反映历史文化中的糟粕、对当下的规范构建具有负面作用的规范。现代人正在进行的现代化建设，应当对传统规范持正确的态度，既不能一概肯定，也不能一概否定，而应进行科学的梳理和评价，有继承，有抛弃，尽力挖掘出具有现实价值的传统规范，在规范构建中发挥传统文化的作用。可以认为，无论是完全肯定还是完全否定传统规范，都不利于现实的规范构建。

2. 现实规范

由现实社会主体制定、在现实社会中发挥作用、调节现实社会关系的规范称为现实规范。相对于传统规范，现实规范要由现实主体制定、在现实发挥作用。现实规范产生于调整现实社会关系的需求，具有现实应用性。现实规范还表现为对传统规范的合理继承，对优秀传统规范的发扬光大。现实规范处于不断的发展变化中，并非形成后一成不变，规范的变化取决于客观形势的改变，有各种影响和决定因素。如果固守规范，僵化地对待规范，反对因势而变，就会不适应形势发展要求，终将被迫进行改变。继承优秀传统规范，创新与形势发展要求相一致的规范，是现代人的重要历史责任。

（七）按照规范的先进程度划分

在现实社会中，依照规范对现实社会关系的作用状态，既有积极、进步的规范，也有不利于现实社会发展的、需要改变的规范。

1. 先进的规范

所谓先进的规范，是指适应现实社会要求、适应未来发展需要的、能发挥积极进步作用的规范。先进的规范要与时代发展同步，社会发展进步了，必然要求规范的发展进步，如果规范仍然是旧的、没有变化的，那么注定不会是先进的规范。先进的规范要与未来社会的需要相衔接，这种规范的制定者要有前瞻性的视野，有对社会发展的科学预测，所谓站之高、见之远。先进的规范要代表社会绝大多数人的愿望与要求，反映绝大多数人的意志和利益；而不能代表少数人的利益，为少数人服务。

2. 落后的规范

所谓落后的规范，是指现有规范已经不能适应现实社会的要求，社会已经发展变化而规范并未发生调整，继续使用这些规范已丧失积极意义，甚至会阻碍社会的发展进步。落后的规范是相较于现实需要而言的，不能排除其曾经发挥的积极作用，不一定将其定性为错误的规范。对落后的规范应当及时修改和调整，使之与现实的需要相匹配。只要社会不断地发展变化，规范就要不断地调整和改变，因此规范本应处于动态的变化状态，不变是相对的，变化则是绝对的。

应当注意的另一个问题是，落后的规范不应与传统的规范画等号，传统规范不一定都是落后的规范，现实规范也不一定都是先进的规范。

三、规范的一般功能

规范在调整社会关系方面是须臾不可离开的，假设没有规范，整个社会杂乱无章、无序运行，将影响社会和人类的生存与发展。规范的功用与效能主要表现为以下六个方面。

（一）规范具有评价功能

1. 评价人们行为与思想的善恶是非

规范作为对社会成员的约束方式，首先要对人们的行为和思想进行评价，告诉人们怎样做是对的、怎样做是错的，什么行为是善的、什么行为是恶的，凡是能被规范肯定与认可的，就可以不受约束地去为之，凡是被规范所否定和批评的行为，就不能去做，做了就要承担不利的后果。

2. 评价社会运行是否公平公正

规范在评价人们行为与思想的善恶是非的同时，还可以对社会制度的先进与落后、社会运行机制是否公平公正进行评价。可以认为，社会的发展进步在创造新的规范，淘汰旧的规范，许多规范是通过确立社会制度、实施社会运行机制体现出来的。规范一经确立，经过一定时期的实践，被人们接受以后，人们也往往运用规范来评价社会制度和运行机制的优劣，评价由制度和运行机制所导致的社会状态是否公平公正。

3. 评价社会发展的未来趋势

以社会状态为基础，以先进规范为衡量标准，可以对社会的发展趋势进行预测，为人们发挥主观能动作用提供依据，有效掌控和把握社会发展方向。社会的发展既有自身发展的规律，也有人们的有效干预。如运用现有规范评价社会腐败现象，如果能有效抑制腐败现象，就会净化社会环境，增强凝聚力；反之，就会降低人们的进取精神，污染社会环境，制约民族复兴的进程。规范的评价以及规范的运用对社会的影响是一种客观存在。

（二）规范具有调节功能

社会发展过程中，会产生各种各样的矛盾甚至冲突，我国当下的现代化建设，实现未来的发展目标，同样面临各种问题需要解决。如果不能及时有效地化解现实矛盾、理顺各种关系、避免发生冲突，就会产生重大社会问题，如果矛盾积累到一定程度并爆发，就会引发动乱，阻碍社会发展，甚至发生倒退。解决矛盾和冲突，各类规范的综合运用不可或缺，规范的作用不可替代。如道德规范的运用可以缓解人们的心理压力，平衡人们的心态，减少人们之间的相互冲突。法律规范的运用可以惩治违法犯罪者，保护人们的人身权利、财产权利等各项权利，实现社会的公平正义。社会发展过程中，人们的生存压力加大，烦躁情绪加重，发挥规范的调节功能甚为重要。

（三）规范具有制约功能

规范的基本作用是调整社会关系，约束和限制人们的某些行为，因此规范的制约功能应当是最基本、最重要的功能。凡称之规范者均具有制约功能，法律规范的制约功能自不必说，道德规范对人们的行为进行善恶是非的评价，对不道德的行为进行谴责批判，要求人们去恶向善，显然具有约束作用。宗教规范要求信众遵守本宗教的规范，违背者轻者要忏悔，重者要被开除教门。同样是制约，习惯规范若有违背，如宗族习惯规范被违背，受到的处罚会十分严厉。技术规范一旦违背，不仅要受到本规范的制约，还可能受到法律规范、道德规范的制约，更可能受到自然规律的直接的、严重的惩罚，比如因违反技术规范而导致的爆炸、火灾等。

规范的制约功能可以分为强制性和非强制性两种，实践中人们往往重视规范的强制性，忽略其非强制性，认为非强制性的约束力太弱，违背与否都是无所谓的。这是完全错误的认识，现实生活中的任何人都不会不顾及非强制性规范的制约，就如一个人受到群体的不道德谴责，不会完全地无动于衷。同时，非强制性规范适度制约违规者的时候，对群体其他成员也会产生积极的教育作用。

（四）规范具有导向功能

任何一种规范都会涉及人们可以做什么、不可以做什么，怎么做是对的、怎么做是错的，一旦做错要承担什么样的后果等问题，从而引导人们的行为合规则、不犯错，这充分体现了规范的引导功用和效能。对于社会个体成员而言，在规范的这一功能作用下，要谨言慎行，使自己的行为合规则，规划自己的价值取向，沿着正确的方向发展，努力实现自身的价值和社会价值。在当下的社会中，总结每一名成功人士，无论是做研究还是搞教育，无论是经商还是从政，遵守规则都是第一位的，还没有哪一名靠违反规则、挑战规则、与规则对着干而能成功的。对于现行的落后规范，在确无遵守必要的情况下，无论是规范的制定者还是普通的个体成员，都应当积极参与对规范的调整或修改，需要废止的立即予以废止，保证规范的调整与社会发展同步。

（五）规范具有激励功能

许多规范能够体现出对人们行为的肯定与否定，在某种意义上讲就具有了倡导、激励的属性，特别是有些规范直接就是关于褒奖、激励的规范，如我国当前关于评选道德模范的规范、关于奖励见义勇为人物的规范、关于科技进步的奖励规范等。在社会群体中，有部分人在这些规范的激励之下，主持正义，见义勇为，忠于职守，爱岗敬业，助人为乐，诚实守信，敬老爱幼，涌现出许多令人感动的事迹，也教育和影响了社会公众弘扬正能量。实现规范的激励功能，首先，要向全社会宣传这些规范，让社会公众知道这些规范；其次，要寻找发现践行这些规范的正面典型，挖掘他们的事迹进行广泛宣传，使之发挥出正面的教育作用；最后，要坚持精神激励和物质奖励相结合，使规范的激励作用长久发扬下去。

（六）规范具有凝聚功能

规范的凝聚功能主要体现在两个方面。一是规范为社会群体的绝大多数人认可和接受，使之遵守这些规范，维护这些规范的权威，形成一种强大的社会力量。这是规范凝聚力功能的基本体现，在当代社会中的社会规范大都能实现这种功能，因此实现了社会的稳定和发展。二是某些特定的规范吸引了某些特定的人群，这些人不仅认可和接受这些规范，还将这些规范奉为座右铭，达到了信仰和崇拜的程度，为此不惜上刀山下火海，而信仰这些规范的个体一旦相逢，大有相见恨晚的感觉，并可能形成紧密的组织，排斥任何其他外力的影响。这是规范的特殊凝聚功能与亲和功能的体现。

规范的凝聚功能源于人们对规范的共同认可和接受，不同的群体对规范的理解和认知程度不同，将导致对规范的接受和践行的程度有所不同。规范是否与社会的发展相适应，是否代表社会发展的未来方向，是否代表绝大多数人的利益和意志，往往决定了人们的认可和接受程度。

第二节　道德规范与其他行为规范的关系

一、道德规范的一般特征

道德规范是诸多行为规范之一，与其他规范相比，道德规范有自身鲜明的特点。

（一）道德规范的普遍性

所谓道德规范的普遍性，是指道德规范调整社会关系具有普遍性特点，在调整范围上，所有的领域、各类群体都离不开道德规范的调整。在调整时间上，人们的行为时时刻刻都要受到道德规范的调整。与此相比，法律规范尽管也有普遍性的效力，但其主要调整社会个体或群体受到违法行为侵害时发生的社会关系，作用对象是违法犯罪者，大多数守法公民是不能适用法律调整的。宗教规范主要调整宗教信众的行为，非本宗教的个体或群体是不受调整的。习惯规范的调整区域和群体范围狭小，适用不同区域和群体的习惯规范显然不同。技术规范往往作用于使用该技术或与之相关的群体，作用范围更受限制。社会发展过程中出现的一些新领域，法律规范的调整往往要滞后一些，可能有一些不成熟的技术规范，而道德规范的调整能基本与其保持同步。

（二）道德规范的历史性

人类社会形成之际即产生了道德，人与人之间社会关系的形成是道德产生的客观条件，人的自我意识的形成是道德产生的主观条件，生产实践实现了客观条件与主观条件的统一，构成了道德产生的基本社会条件。在人类社会漫长的发展过程中，不同的历史时期产生和适用不同的道德规范，不同时期的不同阶级以及同一时期的不同阶级也适用不同的道德规范。不同时期的不同阶级所适用的道德规范可能是冲突的，不同时期的同一阶级的道德规范可能是冲突的，同一时期的不同阶级的道德规范可能是冲突的。总之，在不同的历史时期有不同的道德规范，不同的阶级或社会群体也有不同的道德规范，道德规范并非一成不变，其遵循的基本规律是从低级到高级、从个别到一般，朝着越来越文明、越来越进步的方向发展，不会停滞不前。

（三）道德规范的制约性

道德规范重在倡导向善、求和、诚信等行为守则，重在人们的自觉遵守。一旦违背了道德规范，做出缺德的行为，对行为人而言，将会受到社会舆论、内心信念、传统习惯的否定性评价，如果行为人不接受这种评价，似乎不能将其如何，因此往往被认为其没有约束力或者约束力很弱。事实上，道德规范的约束力不仅存在，而且对绝大多数人而言，约束力仍然很强。人是社会群体的一员，其生存发展过程中不可能不与群体和他人发生联系。如果其一再违背群体共同遵守的道德规范，必将被群体所唾弃，成为孤家寡人，难以立足，难以生存，这是道德规范约束力的充分体现。同时，有些道德规范也具有一定的强制性，直接作用于群体中的某些成员。如在评优、晋职晋级等活动中，某些违反道德规范的人被"一票否决"，取消其资格。

（四）道德规范的独立性

在道德规范产生之初，其与其他规范（如习惯规范等）往往混杂在一起，共同发挥调整社会关系的作用。随着社会的发展进步，随着人类文明的逐步提升，社会科学与自然科学逐渐分离，社会科学中的学科门类逐渐产生，人们对道德规范的利用和研究，逐步形成了一个独立的学科门类，即哲学一级学科之下的二级学科——伦理学。伦理学是以道德、道德规范为研究对象的学科，包括道德规范的产生、历史发展、当下的道德规范建设、未来道德规范发展等问题。

伦理学学科的独立性依赖于现实社会调整社会关系的道德规范的独立性，正是因为现实社会中道德规范与法律规范、宗教规范、习惯规范、技术规范等其他规范相并列，构成了一类独立调整一种社会关系的规范，才会出现以此为专门研究对象的学科。

道德规范既具有独立性特征，又与其他行为规范密切关联，共同构成了调整社会关系的整体规范，在调整社会关系过程中，没有道德规范不可行，仅有道德规范也行不通。

（五）道德规范的阶级性

道德规范的阶级性，是指不同的阶级为维护本阶级的利益、实现本阶级的意志，要制定和实施具有本阶级性质的道德规范，而道德规范要反映出具有鲜明阶级特色的属性。任何一个阶级都要试图制定和实施本阶级的道德规范，不同的阶级必然有自己的道德规范。对立的阶级之间，道德规范也往往具有对立和冲突之处。统治阶级所制定的道德规范在调整本阶级内部成员之间关系的同时，往往追求对所有社会成员的约束，希望全体社会成员的接受和践行。反之，被统治阶级制定和倡导的道德规范在调整本阶级内部成员之间关系的同时，也追求对全体社会成员的制约作用。不同阶级之间的道德规范的冲突和斗争，会促使道德规范的进步与完善，促进社会的发展与进步。

二、道德规范与法律规范的关系

（一）道德规范与法律规范的相同点

法律规范是十分重要的行为规范，是须臾不可离开的社会规则，与道德规范相互补充、相互作用，维持着社会的稳定与发展。两者有哪些相同之处呢？

1. 道德规范和法律规范都是行为规范

生存在社会群体中人们的行为千差万别，他们既可以享受行为的自由，又要遵循共同的规则，这些规则中最重要的规则就是道德规范和法律规范。这两者的实质性作用，共同表现为对人们行为的制约，一旦行为超出一定的限度，这两者既可以单独也可以同时进行调整。既有"软"的调整，又有"硬"的调整，从而维护社会的稳定运行和发展进步。人们的群体生活不遵守规范不行，在道德规范和法律规范中只遵守其一，不遵守另一规范也不行，必须同时遵守。

2. 道德规范和法律规范都属于上层建筑范畴

所谓上层建筑，是指建立在一定经济基础之上的社会意识形态以及相应的政治法律制度、组织和设施的总和。上层建筑包括政治上层建筑和思想上层建筑，是十分复杂而庞大的系统。上层建筑都由经济基础所决定，但一经产生，就具有相对的独立性，能动地反作用于经济基础。道德规范和法律规范都是上层建筑的组成部分之一，既要由经济基础所决定，又要对经济基础产生相应的反作用，随着经济基础的发展变化，道德规范和法律规范也要发生相应的变化。

3. 道德规范和法律规范都具有鲜明的阶级性

在阶级对立的社会中，每个阶级都希望有自己的道德规范和法律规范，都试图要构建自己的道德规范体系和法律规范体系，使之为自己的阶级利益服务，统治阶级和被统治阶级都是如此。由于统治阶级占居主流地位、发挥主体作用，其制定和颁行的道德规范、法律规范也要占据主流地位、发挥主体作用，充分反映统治阶级的意志。

（二）道德规范与法律规范的主要区别

1. 道德规范与法律规范产生的历史条件不同

如前所述，人与人之间社会关系的形成是道德规范产生的客观条件，人的自我意识的形成是道德规范产生的主观条件，以劳动为特征的社会实践实现了主客观条件的统一，是道德规范产生的基本社会条件。法律规范是随着私有制、阶级、国家的产生而产生的，是阶级矛盾和冲突不可调和的产物。一般认为道德规范产生于原始社会之初，法律规范产生于奴隶社会之初。

2. 道德规范与法律规范制定的主体不同

法律规范是以国家的名义制定或认可的，以国家的名义颁行的，制定的主体是国家，其他社会组织或群体都无权制定法律，哪怕其出台的规范具有强制性，也没有法律的属性。道德规范可能要体现国家意志，社会主流道德规范不能与国家意志相冲突。国家可以总结归纳道德规范，可以倡导道德规范，如果有人违犯了道德规范，且仅仅违犯的是道德规范，则不受国家的惩处。

3. 道德规范与法律规范调整的范围有所不同

尽管道德规范与法律规范调整社会关系均具有普遍性，适用于社会全体成员，但道德规范的调整体现在对社会成员的时时处处的调整，而法律规范仅在社会成员违反规范、危害社会和他人时，对违法者的调整，显然道德规范的调整更加充分、更加广泛。道德规范的调整既包括人的外在行为，也包括人的内在心理活动，是一种从内到外的调整。法律规范重在调整人们的外在行为表现，对人们的内在心理活动一般情况下不能调整。总之，道德规范的调整范围要广于法律规范。

4. 道德规范与法律规范调整的方式与手段不同

道德规范的调整方式主要靠社会舆论、内心信念、传统习惯，一般不具有强制性，法律规范的调整是靠代表国家的、具有强制功能的行政机关和司法机关来完成，体现的是强制性，不以当事人的意志为转移。当然，道德规范的调整虽然不具有强制性，仍应注意两个问题：一是在道德权利的得失上，因道德过失而被取消资格，所谓"一票否决"的情况也能反映出道德规范的调整并非软弱无力，也具有某种刚性特色；二是道德规范的调整虽然不如法律规范的强制性，但绝不能否认道德规范调整的实际作用，绝大多数人仍然会接受道德规范调整。

5. 道德规范与法律规范调整的重点不同

法律规范的调整强调权利和义务的双向调整，在赋予人们权利的同时同样要求人们履行义务；反之，在要求人们履行义务时还同时维护人们的权利，试图实现权利与义务的并重。道德规范的调整重在要求人们履行义务，尽管也赋予人们一定的道德权利，但权利与义务是不对等的。在某种意义上说，强调道德权利的行为往往被认为是不道德的，将道德权利和道德义务对等往往是不被人们接受的。

6. 道德规范与法律规范的表现形式不同

法律规范的表现形式十分标准和规范，要求十分严格，制定和修改的程序十分严谨，适用时的表述非常准确，如某法某条某款某项。相比而言，道德规范的表现形式则不同于法律，无论是一般表述还是实际适用，都不如法律规范那样严谨严格。

7. 道德规范与法律规范的历史使命不同

法律与私有制、阶级、国家的产生同步产生，也将同私有制、阶级、国家的消亡而同时消亡，就是说，法律存在于人类社会的某一阶段，尽管这一阶段可能很漫长，但将会有不存在的那一天。道德规范将永远存在于人类社会，只要有人类社会、人类群体的存在，就需要有道德规范的调整。

（三）道德规范与法律规范的密切联系

道德规范与法律规范相辅相成、相互补充，缺一不可。仅有道德规范没有法律规范，对人们的行为没有刚性制约，某些个别人就可能无拘无束、无法无天、为所欲为，社会秩序将无法维持。只有法律规范而无道德规范，人们将失去应有的善恶是非判断标准，违法犯罪者将大量出现，社会同样无法承受。调整社会关系，约束人们的行为，这两者同等重要，缺一不可。在社会制度建设与社会环境改善过程中，我们国家提出以德治国与依法治国相结合，实现两者的有机统一，建设社会主义法治国家，正是基于对道德规范与法律规范的密切联系的深刻理解提出的。现实实践中，某些人对两者的关系认识不清，过于重视法律规范的作用，忽视或贬低道德规范的作用，甚至认为可有可无，这是极其片面的。

道德规范和法律规范还有互相包含的情况，某些道德规范被法律规范所吸收，成为法律规范的一部分。如我国《民法总则》第七条规定："民事主体从事民事活动，应当遵循诚信原则，秉持诚实，恪守承诺。"第八条规定："民事主体从事民事活动，不得违反法律，不得违背公序良俗。"第十条规定："处理民事纠纷，应当依照法律；法律没有规定的，可以适用习惯，但是不得违背公序良俗。"第八十六条规定："营利法人从事经营活动，应当遵守商业道德"。事实说明，道德规范和法律规范的某些重合不是偶然的，应当重视道德规范的建设，真正发挥道德对法治国家建设的基础性作用[4]。

三、道德规范与宗教规范的关系

（一）道德规范与宗教规范的相同点

1. 道德规范与宗教规范产生的社会历史条件基本一致

一般认为，道德产生于人类社会形成之初，宗教何时产生？目前的一般看法是，宗教产生的社会形态和历史年代也与道德的基本一致。原始社会之初，人类社会形成了，人的自我意识形成和进步了，对生存的自然环境能够反思了，但又不能理解自然界各种变化莫测现象的因果关系，产生恐惧感和神秘感，认为是周围存在的超自然力量主宰或影响了他们的生活，进而对自然物及自然力进行人格化，奉为神灵加以膜拜，祈求神灵消灾解难，护佑平安。原始宗教的产生与人们对自然界和自然现象的认识能力的局限性有直接关联，也与对自然力过度依赖的心理和情感因素有关。宗教和科学相悖，两者都是为了解释自然世界而建立的东西，但是，宗教是自上而下建立的，科学则是自下而上的。从原始宗教到现实宗教，其发展伴随人类社会的发展进步，至今形成了以基督教、伊斯兰教、佛教这三大宗教为代表的诸多宗教。回顾人类社会的历史，道德规范与宗教规范产生于相同的社会形态，具有基本一致的社会历史条件。

2. 道德规范与宗教规范的内容具有相通相容性

宗教发展过程中逐步确立和形成了本宗教的规范，各个宗教的规范既有某种冲突和对立，也有许多相同相近之处，将诸多宗教规范中的相同相近的内容归纳起来，与同时期的道德规范相比较，便能看出道德规范与宗教规范在内容上的许多相通相容之处。与当下的道德规范与宗教规范相比较，基督教倡导的"摩西十诫"中的第五诫"当孝敬父母"与当下的尊老爱幼、孝敬父母的道德规范相一致，佛教的"五戒十善"符合遵纪守法的道德规范要求。曾有人说：一个虔诚信仰某一宗教的人，就应当是遵守道德规范的人、遵纪守法的人。有一定道理。

3. 道德规范与宗教规范的调整方式比较类同

道德规范与宗教规范均具有约束作用，但对于违规者的作用方式不同于法律规范等其他规范，这两者均没有强制性，其调整方式主要表现为社会舆论、内心信念、传统习惯等。尤其靠当事人的自我心理反思、自我评价和判断，做出正确的选择。当然，这里所说的不具有强制性，不排除历史上某些国家曾经实施的政教合一的制度，将宗教规范与法律规范合而使用时体现出的强制性，以及道德规范适用中的"一票否决"现象。

（二）道德规范与宗教规范的主要区别

1. 道德规范与宗教规范的倡导与监督实施的主体不同

道德规范的倡导与监督实施应是国家、社会团体、社会组织，社会公众也有监督、评价的作用，有人违反道德规范，社会舆论的强大压力是重要的制约力量，是进行行为约束的重要方式。宗教规范的倡导与监督实施，宗教组织是主要主体，宗教信众之间也可以监督，但与道德规范明显不同。道德规范的监督实施具有广泛的主体，宗教规范的监督实施主体则比较单一。

2. 道德规范与宗教规范的调整对象和适用范围不同

道德规范调整的对象是社会公众，生活在现实中的人无法也不可能排除道德规范的调整，其行为可以被进行善恶是非的评价。宗教规范的适应对象只可能是某一宗教的信众，对信众的行为是否符合宗教规范进行评价，并运用宗教规则进行处理。显然，宗教规范的调整范围与道德规范明显不同，道德规范的调整范围十分广泛，凡是有人群的地方都可以适用。宗教规范明显不同，适用范围窄小。

3. 违犯道德规范与宗教规范的后果不同

违反道德规范会产生什么后果？社会舆论的谴责、批评、贬损，内心良知的拷问、反悔，传统习惯的评价、限制等，这些制约既会产生约束，又不具有强制力。违反宗教规范的后果可能是本宗教信众的批评，内心的忏悔和表白，重者可能被开除本教，自寻他教。两者有一致之处，也有区别。

4. 道德规范与宗教规范的终极追求目标不同

道德规范的追求目标是人类社会的文明进步，最终进入理想的人类社会，我国现阶段道德规范的追求目标是人人平等、民主和谐、物质极大丰富、文化高度发展、生态环境良好的共产主义社会。宗教规范追求的目标是本宗教的理想国，按照神的意志创造的极乐世界或上天世界。

（三）道德规范与宗教规范的相互联系

宗教规范之所以能存在至今，目前世界上宗教信徒众多，说明宗教的存在有合理性和必然性，宗教规范中有很多规范具有积极意义，在调整现实社会关系中具有很大的作用。发挥宗教规范的积极作用，在稳定社会关系、维持社会和谐、促进社会发展方面，与道德规范、法律规范可以相互补充、相互促进。从这一点上说，道德规范与宗教规范能够相互关联、相互补充。宗教成员遵守的宗教规范中的某些规范与道德规范并不矛盾，能虔诚地遵守宗教规范，一般也能遵守社会的道德规范。在当今人类社会面临的人与自然、人与人、人与自身的日益尖锐的矛盾中，宗教有其发挥道德影响的空间[5]。但两者毕竟有明显区别，宗教规范中的狭隘性、不科学性的问题应当引起足够的重视。

四、道德规范与习惯规范的关系

（一）习惯规范的含义及其特征

1. 习惯规范的含义

所谓习惯是指人们在漫长的历史进程中逐渐形成的行动方式[6]，习惯规范则是人们在长期的共同生活中积累的、约定俗成的、为人们自觉共同遵守的行为规则。

2. 习惯规范的特征

习惯规范的特征主要表现如下。一是历史延续性。习惯规范是经过人们的长期积累形成的，习惯规范一经形成，又会长期延续下去，其中有些延续至今，有些被淘汰，有些经过改造而延续。即习惯规范的形成需要一个历史过程，其历史延续又要经过历史的检验。二是自发生成性。习惯规范不是先天就有的，是在人们的生产生活中，适应人们的需要出现的，其源于实践，又要在实践中接受检验。三是民间适用性。习惯规范产生于人们的生产生活实践，又将长期地在民间适用，是一种为某些群体接受和运用的、约定俗成的行为规范，当然不排除某些规范上升为更大群体甚至统治者、国家所认可的规范，以法律或道德的形式予以确认。四是种族与区域差别性。不同的种族和区域可能形成完全不同的习惯规范，甚至是完全冲突的习惯规范。

（二）道德规范与习惯规范的共同点

1. 道德规范与习惯规范产生于相同的历史时期，社会条件基本一致

在人类社会形成之初，出于群体共同利益的需要，要确立人们共同遵守的行为规范，这时形形色色的规范随之产生。前述的道德规范的产生条件同样适用于习惯规范，即习惯规范的产生需要形成人与人之间的社会关系，需要人们具备主观判断的意识，社会实践活动促成了两者的统一，使规范的产生具备了条件。

2. 道德规范与习惯规范曾相互混同

可以认为，人类最初的行为规范是为维护群体利益的需要，针对人们的行为设定的规则，这些规则并没有分门别类，只是随着社会的发展进步，一些规范从这些混合的规范中分化出来。即便出现了分化，也存在互相包含的情况，有些道德规范同时也是习惯规范的构成内容之一。如群体的团结一致、敬畏自然等，可能既是道德规范，也是习惯规范。

3. 道德规范与习惯规范的重要价值表现为人们的自觉遵守

道德规范与习惯规范都有其社会功能，这些功能既有共同点，也有某些区别，而其共同之处在于，其价值的实现都要靠人们的共同自觉的遵守。一旦离开了人们的自觉遵守的特征，将这些规范的

约束力化解为零，则规范均失去了可能的作用。为什么人们能自觉遵守，是人们在共同生活中认识到了这些规范对群体和个体的重要价值。

（三）道德规范与习惯规范的主要区别

1. 道德规范与习惯规范的调整方式不同

如前所述，道德规范的调整方式体现为社会舆论、内心信念、传统习惯，一般不具有强制性。习惯规范作为历史延续的或长期形成的行为规则，且主要由类似于宗族的民间组织调整，调整方式表现为强制性与非强制性的结合，这种调整有时是道德规范、法律规范等无法调整的方式的一种补充，具有积极意义，有时往往与现行法律规范相冲突，将只能由国家行使的刑罚性质的处罚变成了宗族性质的处罚，如残害人的身体甚至剥夺人的生命。依文明社会的规则，实施规范的主体错误，处罚的方式错误，产生的结果也必然错误。因此，对习惯规范中的有些规范可以倡导和支持，对有些规范则应当限制或取缔。

2. 道德规范与习惯规范的形成、发展路径不同

道德规范与习惯规范均产生于人类社会的形成，而道德规范从诸多规范中分离出来，成为一个独立的社会规范之后，两者发展路径就有所不同。特别是随着阶级和国家的产生，社会出现对立的群体之后，习惯规范还要由民间沿袭和自然生长，道德规范则由不同的群体积极倡导、宣传与扩散。特别是统治阶级的道德规范，会动用国家机器予以强化，成为社会的主流道德规范。

3. 道德规范与习惯规范的发展走向不同

人类社会发展至今，评判道德规范与习惯规范的未来走向，可以认为，人类越文明，道德规范的作用会越大，调整的空间会越广泛，力度会越强。反之，由于习惯规范的自身局限性，其调整的空间会越来越窄，力度会越来越弱化。同时也应注意到，习惯规范中的某些规范仍有积极意义，仍然会长期存在。总之，基本评价是：道德规范会逐步走强，习惯规范会逐步走弱。

（四）道德规范与习惯规范的相互联系

道德规范与习惯规范均产生于人类社会之初，最初的社会规范

也混为一体。当道德规范逐渐分离之后，道德规范与习惯规范仍有许多相同相似之处，习惯规范中仍有许多规范具有积极意义，一些风俗习惯仍有现实价值，为现实社会所认可。如公序良俗仍是道德评价和法律适用的依据，应当用科学的、辩证的观点评价习惯规范。在当下的道德规范建设中，应当挖掘习惯规范中有利于道德规范建设的精华和有用成分，促进道德规范建设。

第三节　社会主义道德规范与社会主义核心价值观

一、社会主义道德规范的相关问题界定

（一）本书书名中的"道德规范"特指中国特色社会主义道德规范

道德规范可以作为伦理学中的抽象术语来理解，也可以作为具有时代特色的、包含丰富内容的词汇来认知。本书书名中的"道德规范"特指中国特色的社会主义道德规范，本书主要探讨的问题就是中国特色社会主义道德规范在实现中华民族伟大复兴的中国梦的历史进程中的重要价值。中华民族伟大复兴是一个历史过程，是前无古人的伟大工程，这一过程的快与慢、进展得是否顺畅，影响因素固然有很多，如外部因素、内部因素、自然与地理因素等。在内部因素的各种构成中，人应当是具有决定作用的因素。这里所说的人，既包括个体的人，也包括群体的人。而人的作用的发挥程度如何，与人的精神状态、与人的思想道德素养有密切关联，社会主义道德规范建设的作用可想而知。

（二）社会主义道德规范泛指社会主义道德的所有要求

社会主义道德规范可以有广义与狭义之分。狭义的道德规范仅指被特别确定的、内容具体明确的道德规范，如在 2001 年中共中央印发的《公民道德建设实施纲要》，明确地提出了我国公民的道德规范，这些道德规范由公民基本道德规范和三大社会生活领域中的道德规范构成，内容十分具体，针对性很强。广义的道德规范是在狭义理解的道德规范的基础上，所有道德上的规范和要求，如社会主义道德建设的核心是为人民服务，社会主义道德的基本原则是集体

主义，以及人道主义原则、社会公正原则、诚信原则等其他原则，还包括我国《宪法》所提倡的"爱祖国、爱人民、爱劳动、爱科学、爱社会主义的公德"等。总之，当代中国特色社会主义道德的所有要求，都是本书中所指的"道德规范"。因此，书中有关社会主义道德建设中出现的"道德规范"在没有特别说明的情况下，一般是指社会主义道德规范，且是指广义上的社会主义道德规范，有特殊说明的除外。

二、社会主义道德规范与社会主义核心价值观的内在联系

（一）公民道德规范与社会主义核心价值观在内容上的重合与一致性

1. 我国公民社会主义道德规范的内容表述

2001 年 9 月 20 日，中共中央印发的《公民道德建设实施纲要》中，明确系统地提出了我国公民的道德规范，这些道德规范由基本道德规范和三大社会生活领域中的具体道德规范构成。其基本内容是：

公民基本的道德规范：爱国守法、明礼诚信、团结友善、勤俭自强、敬业奉献。

公共生活中的道德规范：文明礼貌、助人为乐、爱护公物、保护环境、遵纪守法。

职业生活中的道德规范：爱岗敬业、诚实守信、办事公道、服务群众、奉献社会。

婚姻家庭中的道德规范：尊老爱幼、男女平等、夫妻和睦、勤俭持家、邻里团结。

这些道德规范的表述简单明了，通俗易懂，要求明确，操作性强，系统全面。其中，公民的基本道德规范适用于全体公民，属于基础性、一般性要求。三大社会生活领域中的道德规范是公民基本道德规范延伸于具体的社会领域所提出的更加具体、更加明确的要求，具有领域性、专门性特点。

以上关于道德规范的阐释，应属于狭义上的道德规范，是广义的道德规范的具体化。为便于与社会主义核心价值观的比较，这里仅用狭义上的公民道德规范的内容，因为狭义上的道德规范与社会主义核心价值观的内容都具体、明确，可比性强。

2. 社会主义核心价值观的内容表述

中共十八大报告提出：倡导富强、民主、文明、和谐，倡导自由、平等、公正、法治，倡导爱国、敬业、诚信、友善，积极培育和践行社会主义核心价值观。社会主义核心价值观基本内容的三个倡导，即 24 字表达，体现了从国家层面、社会层面、公民个体成员层面的核心价值观。社会主义核心价值观既是中共中央的倡导，也是广大社会成员所认可、接受和践行的核心价值。

3. 公民道德规范与社会主义核心价值观的重合与一致

对照公民道德规范和社会主义核心价值观的内容，不难发现这样一个问题，公民个体层面的核心价值观的 8 字表达，即爱国、敬业、诚信、友善，与公民基本道德规范中的 20 字表达，即爱国守法、明礼诚信、团结友善、勤俭自强、敬业奉献，具有内容上的重合，公民个体层面的核心价值观内容是对公民基本道德规范的提炼和概括，被包含于公民基本道德规范之中；而公民基本道德规范是公民个体层面的核心价值观的基础和基本要求。

为什么会出现这样的内容重合？第一，公民基本道德规范和公民个体成员的核心价值观所针对的对象都是公民，公民基本道德规范是作为社会成员的每个公民都应当遵守的行为准则，而公民个体成员层面的核心价值观对每个公民个体成员而言，既是群体和社会的要求，也是每个公民应当树立、认可、践行的准则，从行为准则的层面来看，两者应当一致。从国家和社会对个体成员的要求来看，两者内容的重合也体现了要求的一致性。第二，改革开放以来，我国在经济转型和发展过程中，一直重视精神文明建设，坚持精神文明和物质文明、政治文明、生态文明等和谐建设与发展。公民基本道德规范和公民个体成员层面的核心价值观均属于精神文明建设的重要内容，尽管两者提出的时间不同，相差十多年，但在内容上的重合恰好充分体现了执政党和国家所倡导的精神文明建设的连贯性和继承性。第三，我国在中国特色社会主义国家建设过程中，无论是公民道德建设还是社会核心价值观的构建，都要体现社会主义的国家性质。无论是公民基本道德规范还是公民个体层面的核心价值观，都要体现社会主义国家的统一要求。这两者在内容上的重合，也充分实现了社会主义国家性质在公民道德建设和社会核心价值观构建中的统一性。

（二）国家与社会层面的核心价值观构建与公民道德规范的践行密切相关

如上所述，公民基本道德规范与社会主义核心价值观在公民个体层面的价值观内容具有重合性，同时还应特别注意到，公民基本道德规范与国家和社会层面的核心价值观，在内容上具有互补性，在践行过程中，在调整人们的社会关系上，仍具有密切关联。

1. 公民遵守基本的道德规范，有利于国家、社会层面核心价值观的构建

国家与社会的关系主体是人，人是构成国家与社会的基本元素，离开了人，国家与社会均无从谈起。国家与社会核心价值观的指向主体是人，制定规则、设定制度的主体是人，评价和监督的主体是人。人的素质如何，道德水准如何，直接影响国家的建设和社会的发展。国家和社会层面的核心价值观的构建，同样与人的道德素质密切相关，人们的道德水准高，遵守公民道德规范的意识强，就会促进和保障国家、社会核心价值观的构建，反之，就会迟滞和阻碍国家与社会层面的核心价值观的构建。

国家层面的富强、民主、文明、和谐，无论哪一范畴的价值观构建，都与公民的道德素养有关，都与公民遵守道德规范的状态有关，如比较直观的"文明"价值观的实现，与公民的道德素养的密切关联显而易见。李晓东所著《社会主义核心价值观关键词——文明》中，列举了三种不文明现象，包括旅游中的陋习、公共财物的破坏、公共规则的公然无视，其中的任何一种都与公民个体成员遵守基本道德规范的状态有关，具有良好道德素养、自觉遵守基本道德规范的人，绝不会出现这些不文明行为。应当怎样进行"文明"价值观的构建？书中强调要加强社会公德、职业道德、家庭美德、个人品德教育，弘扬中华传统美德，弘扬时代新风，并深刻指出："只有将道德提升作为重要内容，提高全民道德水平，才能让未来的中国继续弘扬'以德为先'的优良传统，成就'文明有礼'的新风采。"[7]

社会层面的自由、平等、公正、法治，其中的任何一种价值观

构建，同样与公民的道德素养、与公民遵守道德规范的状态有关。如通常强调的"法治"，固然与法律的制定、法律的执行、法律的遵守、法律的监督实施有关，与人们的法律意识、法律思维有关，但除了法律本身的要素之外，人们普遍意识到，人的道德水准，人们遵守道德规范的程度，对遵守法律规范的影响，进而对社会法治的影响的巨大重要性。人们能自觉遵守道德规范，毫无疑问会自觉遵守法律规范，就会极其有利于社会的法治。我国长期以来重视和强调以德治国和依法治国结合，原因就在于此。韩震、严育在所著《社会主义核心价值观关键词——法治》中，对这一问题曾有过精彩论述。书中写到："道德是法治的基石。没有道德的滋养，法治文化就缺少源头活水，法律实施就缺乏实践基础。法律依赖道德而被认同和遵行，一个人的道德觉悟提升了，必然会自觉遵纪守法；全社会的道德水准提升了，法治建设才会有坚实的基础。"书中提出：在立法上，要进一步完善与社会主义道德规范相协调的法律体系；在执法司法中，要加强行政执法和司法队伍的思想道德建设；在普法的同时，要大力加强公民道德建设，增强法治的道德底蕴[8]。

2. 国家、社会层面核心价值观的构建有利于公民道德规范的遵守和实现

社会主义核心价值观的构建对公民道德建设具有统领作用和指导价值，核心价值观构建的状况良好，人们践行核心价值观的自觉性强、实效性强，必将影响和带动公民的道德建设，提升公民的道德水平。

人们的日常行为丰富多彩，看似杂乱无章，但社会秩序是良好的，社会运行是正常的，这是因为人们在享受充分自由的同时，还要遵循基本的行为规范，不突破行为的限制性底线。人们的行为规范包括道德规范、法律规范、宗教规范、习惯规范等，行为规范具有多样性特点，道德规范只是多种行为规范中的一种。社会主义核心价值观作为行为规范对人们的行为产生约束，可以延伸出多种规范，是一种综合性约束，既包括道德规范的约束，又超出了道德的范围。显然，国家、社会层面核心价值观的构建对社会的道德建设，对人们遵守道德规范的自觉性的提升，不仅仅是一般的促进，而且具有指引方向的作用。

道德建设需要良好的环境，包括文化环境、政治环境、经济环境、生态环境等，对环境状况的诉求明显。如果试图通过道德建设去改变环境，而忽视环境对道德建设的作用，则是十分片面的。各个层面的核心价值观的构建，卓有成效的核心价值观的积极影响，能够为道德建设创造良好环境。例如，政治环境直接影响道德建设，国家的路线方针政策的实施、国家机关工作人员的工作作风和生活作风的展现、权力行使过程中的清正廉洁和公平正义状态，直接影响到社会大众的道德认知和道德选择。再如，文化环境同样直接影响道德建设，社会主流文化的现实影响和价值导向对道德的存在与发展具有明显的拖动作用。社会主义核心价值观的构建对于环境的净化和健康发展的作用，也将间接影响到道德建设。

3. 公民道德规范与社会主义核心价值观的一致性有利于教育的契合

在当前党的宣传思想工作中，在各领域普遍重视和加强思想政治教育过程中，公民道德规范教育是重要内容，社会主义核心价值观教育则是核心内容，通过有效的途径，实现两者的融合教育，取得教育的实效性，让公民道德规范与社会主义核心价值观深入人心，进而指导人们的行为，应是思想政治教育应当追求的目标。

（1）契合教育应遵循的原则。

① 坚持以社会主义核心价值观为导向。

在道德规范教育与社会主义核心价值观教育的关系上，要坚持社会主义核心价值观的导向原则。社会主义核心价值观是中国共产党在思想文化领域、在意识形态范围、在精神文明建设中倡导的主体价值观，具有统领和导向作用，公民道德规范教育应当以社会主义核心价值观为指导，将其纳入到社会主义核心价值观教育的总体设计之中。同时，公民道德规范教育在教育内容、目标要求、途径与形式上又有自身特点，应当结合这些特点进行有特色的教育。

② 在教育效果上要追求最大化。

教育形式与内容、教育过程与结果，应当强调和重视什么？长期以来一直是人们研究和探讨的问题，但并非得到很好解决。在某种意义上说，人们意识到的问题，认为应当解决的问题，实践中解决得并不是很理想。如果能把教育的实效性作为追求的目标，教育过程中努力实现教育效果的最大化，这一原则就会实现。为此，要力戒形式主义，避免只重过程不求效果的倾向，根据人们的认知和接受程度科学地确定教育内容，恰当选择教育方式。

③ 历史教育与现实教育结合，实现教育的接续性。

所谓历史与现实结合，既包括传统教育与当代教育的结合，又包括个人成长过程中的不同阶段的衔接教育的结合；既包括对历史经验教训的继承和摈弃，又包括面向未来的探索和创新。这一过程中，表现出我们对教育规律的把握和运用，表现出我们实事求是的态度和精神，表现出我们的责任心和创新能力。如中华传统文化是涵养公民道德规范和社会主义核心价值观的重要源泉，公民道德规范和社会主义核心价值观的内容本身就充分体现了对中华传统文化的传承和升华[9]，重视传统文化教育对当今的公民道德规范教育和社会主义核心价值观教育具有寻根探源的基础性作用。

（2）契合教育应坚持创新的模式。

① 规范教育与灵活教育结合的模式。

所谓规范教育，是指通过授课、讲座、专题讨论等形式，有规划的、正面的、明示的教育，使受教育者直接感知到社会主义核心价值观和公民道德规范教育的内容，明确认识到教育的性质。灵活教育是规范教育之外的、形式灵活多样的、潜移默化的教育，在受教育者尚未明确感知中，或者不知不觉中受到社会主义核心价值观教育和公民道德规范教育。比如，将社会主义核心价值观融入我们的日常生活，则更易被人们所认可和接受[10]。这两种教育各有特点，不可替代，其有机结合会收到最大化的教育效果。教育实践中应克服两种倾向：一是排斥规范教育，见到这种教育就轻易评价为形式主义，空洞说教等；二是轻视和忽略灵活多样的教育，否定这种教育的重要作用。

② 传统教育手段与当代新技术共用模式。

党的宣传思想工作的发展过程中，在教育手段与方式上，在教育途径的选择上，曾积累了丰富的经验，这些传统经验经过时代的改造和创新，仍然是行之有效且具有时代价值的。当然，在进行这种改造和创新的同时，充分了解信息技术发展所带来的观念更新和技术手段的更新，将现代教育技术手段运用于社会主义核心价值观教育和公民道德规范教育，实现传统教育手段与当代新技术手段的融合，形成新的教育模式，是一项不容忽视的任务。为此，既要熟知传统教育经验，又要知悉现代技术发展所提供的新措施，还要具备将两者融合的实际操作能力，实现教育效果的最大化。

③ 引导灌输教育与直观展示教育并重模式。

一种正确理论能够为公众所了解和接受，一项正确的路线方针政策能够团结和凝聚群众力量共同为之奋斗，必要的灌输形式的宣传教育仍然是必要的，几乎任何一个当政者都不会排斥这种教育方式。与此同时，运用现实客观存在的、人们看得见摸得着的事物，与灌输教育内容相一致的，或者可以补充灌输教育内容的直观展示教育有机结合起来，形成一种有效的教育模式，会很好地提升教育效果。实施这样的教育模式，既要深刻理解马克思主义中国化的最新理论成果、中国特色社会主义的理论成果、新时期党的路线方针政策，又要正确把握现代化建设发展至今的历史成就、人们身边看得到的发展业绩和亲身经历的过程，既能体会到正确理论和正确路线方针政策指导现实所取得的历史成就，又能从巨大社会发展和历史成就中体会和理解理论和路线方针政策的正确性所在。社会主义核心价值观教育与公民道德规范教育运用这种模式同样是有效的。

（3）契合教育应实现的目标。

社会主义核心价值观教育和公民道德规范教育，教育的效果主要体现为教育对象对社会主义核心价值观和公民道德规范认识和理解到什么程度，身体力行于实际的程度，对中国特色社会主义建设的价值发挥到什么程度。因此，相对于教育对象而言，教育的目标主要表现为是什么、为什么、怎么办的问题。

① 解决是什么的问题。

即让教育对象深刻理解社会主义核心价值观和公民道德规范的内容是什么的问题。就字面而言，社会主义核心价值观的 24 字，公民基本道德规范和三大领域道德规范的 80 字，表述简单明了，词义通俗易懂，人人可以知悉其意。但每一个词组、每一个范畴，都包括丰富的内容。我们的教育不仅仅要让受教育者知其简单的文字表达，还要深刻理解其包含的丰富内容。如"民主"的价值观，其核心内容和本质特征是党的领导、人民当家作主、依法治国的有机统一，党的领导是人民当家作主和依法治国的根本保证，人民当家作主是社会主义民主的本质要求，依法治国是党领导人民治理国家的基本方略[11]。再如"诚信"价值观的基本内涵是诚实信用的品行，包括虔诚信奉、诚实守信、忠诚信义等。在当代中国，诚信是公民道德的基本规范，是市场经济的内在要求，是法治建设的坚定基石[12]。

②解决为什么的问题。

围绕社会主义核心价值观和公民道德规范，涉及为什么的问题较多。第一，我国为什么要提出社会主义核心价值观和公民道德规范？为什么提出的时间不同，2001年首先提出公民道德规范？第二，为什么社会主义核心价值观要用24字表达，公民基本道德规范和三大领域的道德规范被概括为80字？第三，社会主义核心价值观与中国传统价值观是什么关系？第四，社会主义核心价值观与西方社会核心价值观是什么关系，有何根本区别？等等。如果能在实施教育的过程中有效解决这些问题，将会使教育对象更加深刻、更加理性、更加全面地认识和理解社会主义核心价值观和公民道德规范，从而提高践行社会主义核心价值观和公民道德规范的自觉性、主动性。

③解决怎么办的问题。

学习的目的在于应用，社会主义核心价值观和公民道德规范的宣传教育的目的在于使教育对象在科学理解的基础上付诸行动，自觉地运用这些原则和规范约束自己的言行，使自己的行为符合这些原则和规范的要求。正如马克思在《哥达纲领批判》中指出的：一步实际行动比一打纲领更重要。为此，从教育者的角度来看，在教育过程中要努力做到：第一，要倡导理论联系实际，学以致用，知行合一的学风，反对形式主义的学习，反对理论学习与实践的脱节；第二，要总结实践中遇到的各种问题，组织交流，引导启发，及时纠正各种干扰和偏差；第三，要重视典型的作用，发现和利用正反两方面典型的经验和教训，发挥典型的启发引导作用。

第二章　民族复兴中道德规范的独特价值

中华民族伟大复兴是海内外中华儿女的共同梦想，是近代中国人民奋力追求的伟大理想。当代中国的发展为民族复兴奠定了坚实的基础，中国正稳定行驶在民族复兴的快速路上。但是，前进的征途并不平坦，中国还要经历和面临诸多的考验。能否实现复兴，实现什么样的复兴，复兴的速度是快还是慢，许多问题尚需破解。民族复兴的伟大理想的实现不是坐等其成，需要在克服困难、解决矛盾、不断努力奋进中实现。影响民族复兴的国内外因素、主客观条件虽然有很多，但最重要的因素仍然是中国人的努力状态。决定人的努力状态的影响因素固然有很多，其中最重要的是人的精神状态、道德风貌、奋斗进取精神、实干程度。所以，人们对社会主义道德规范的认知和理解程度、践行和创造程度至关重要。加强社会主义道德规范的倡导和践行，对于培养适应民族复兴历史任务所要求的一代新人，是必须做好的事业。

第一节　民族复兴的中国梦是中国人民的奋斗目标

一、中国梦的内涵及其提出背景

（一）中国梦的提出

2012 年 11 月 29 日，习近平同志带领新一届中央领导集体参观中国国家博物馆"复兴之路"展览现场。习近平总书记在参观"复兴之路"展览时指出：实现中华民族伟大复兴，就是中华民族近代以来最伟大的梦想！这是习近平同志首次提出中国梦的思想。在此后的多个重要场合，习近平同志多次反复强调中国梦问题。

2016 年 7 月 1 日，习近平同志在庆祝中国共产党成立 95 周年大会上的讲话中指出："95 年前，中国人民对争取民族独立和人民解放、实现国家富强和人民幸福的渴望是多么强烈，但前途又是多么渺茫。今天，我们比历史上任何时期都更接近中华民族伟大复兴的目标，比历史上任何时期都更有信心、有能力实现这个目标。我们完全可以说，中华民族伟大复兴的中国梦一定要实现，也一定能够实现。"

2016 年 10 月 21 日，习近平同志在纪念红军长征胜利 80 周年大会上的讲话中指出："历史是不断向前的，要达到理想的彼岸，就要沿着我们确定的道路不断前进。每一代人有每一代人的长征路，每一代人都要走好自己的长征路。今天，我们这一代人的长征，就是要实现'两个一百年'奋斗目标、实现中华民族伟大复兴的中国梦。"

2016 年 12 月 12 日，习近平同志在会见第一届全国文明家庭代表时的讲话中说："广大家庭都要把爱家和爱国统一起来，把实现家庭梦融入民族梦之中，心往一处想，劲往一处使，用我们 4 亿多家庭、13 亿多人民的智慧和热情汇聚起实现'两个一百年'奋斗目标、实现中华民族伟大复兴中国梦的磅礴力量。"

2017 年 10 月 18 日，习近平同志在中国共产党第十九次全国代表大会上的报告中强调："实现中华民族伟大复兴是近代以来中华民族最伟大的梦想。中国共产党一经成立，就把实现共产主义作为党的最高理想和最终目标，义无反顾肩负起实现中华民族伟大复兴的历史使命，团结带领人民进行了艰苦卓绝的斗争，谱写了气吞山河的壮丽史诗。"

中国梦的核心目标也可以概括为"两个一百年"的奋斗目标，即到 2021 年中国共产党成立 100 年时全面建成小康社会，到 2049 年中华人民共和国成立 100 年时把我国建成富强、民主、文明、和谐的社会主义现代化国家，实现中华民族的伟大复兴。具体表现是国家富强、民族复兴、人民幸福，实现途径是走中国特色的社会主义道路、坚持中国特色社会主义理论体系、弘扬民族精神、凝聚中国力量，实施手段是政治、经济、文化、社会、生态文明"五位一体"建设。

（二）提出中国梦的时代背景

1. 中国人民对未来的美好向往和追求是实现中国梦的强大动力

中国近代历史是中华民族屈辱的历史，而中国人民反抗外来侵略和封建压迫的斗争从来没有停止，试图改变命运，实现国家富强、民族振兴、人民幸福的愿望一直非常强烈，探索实现这一目标的尝试在不间断地进行。在探索和斗争中，中国共产党诞生并胜利地领导了新民主主义革命，进入了社会主义建设的新时期。如今，站起来的中国人民、富起来的中国人民、强起来的中国人民并未满足于现状，而是站在历史的新起点上，向着民族复兴的伟大目标砥砺前行，毫不松懈。中国人民向往美好未来的强烈愿望，已经构成了实现民族复兴的强大精神动力。提出中国梦的美好愿景，既适应了人们美好追求的愿望，这种愿望也形成了实现中国梦的强大动力。

2. 中国社会主义建设的伟大成就为中国梦的实现奠定良好基础

当下中国社会主义建设的伟大成就举世公认，这些成就为实现中国梦、完成民族复兴的伟大目标奠定了坚实的基础。首先，在政治基础方面，政治文明建设取得历史性进展，社会主义的民主政治深入人心，人民的愿望与共产党和国家的路线方针政策高度一致，人民也从国家的发展进步中获得了诸多需求的满足，政治稳定，社会和谐，人心向上。其次，在经济基础方面，改革开放以来的经济高速度发展，不仅使国力大大增强，使中国成为世界第二大经济体，而且使人民的生活得到了根本性改变，使大多数人由贫穷变为富裕，当下国家的扶贫政策更使少数贫困人口摆脱贫困，走向富裕。中国经济的发展让百姓充分认识到国家制度的优越性，愿意在现有基础上进一步发展，希望国家的进一步强大。再次，在文化科技基础方面，中国的教育正在从新中国之初的文盲半文盲占人口大多数的状态改变为普及九年制义务教育，高等教育也从精英教育改变为大众化、普及性教育，高等学校的入学率逐年提高，教育的普及、发展速度在中国历史上绝无仅有，在世界上也是极其罕见。中国的科技发展速度同样成就巨大，科技人员队伍不断形成和扩大，科技研究成果大量涌现，科技创新实力不断增强，国际前沿成果不断产生，中国正在向科技强国迈进。中国教育与科技的发展为实现中国梦、实现中华民族的伟大复兴提供重要的保证。最后，在生态环境基础方面，中国在经济发展的同时，基本实现了对生态环境治理的同步，生态环境治理、美丽中国建设正在成为越来越多人的共识，绿水青山就是金山银山的观念使得人们进一步认识到经济发展与生态环境保护的关系，保护生态环境成了越来越多的人的自觉行动。这是实现中国梦不可缺少的重要条件。

3. 中国近代发展史为中国梦的实现提供了宝贵的借鉴

中国近代发展史是中国人民为改变屈辱命运而进行的顽强拼搏的历史，是在中国共产党领导下站起来、富起来、强起来的历史，历史经验为中国梦的实现、为实现中华民族的伟大复兴提供了宝贵借鉴。

（1）坚持中国共产党的领导，坚持社会主义制度是实现中国梦的根本保证。

中国近代的反侵略、反压迫的斗争此起彼伏，连续不断，各政党、各阶层的路线、方针各有不同，在斗争的实践中唯有中国共产党脱颖而出，领导全国人民推翻了帝国主义、封建主义、官僚资本主义"三座大山"，取得新民主主义革命的彻底胜利，建立了中华人民共和国，确立了社会主义制度。近70年来，中国社会主义建设取得了举世瞩目的辉煌成就，经济、政治、文化、生态、社会和谐发展，并正在向更高的目标迈进。历史事实证明，中国取得的伟大成就源于中国共产党的领导，源于社会主义制度的优越，未来的中华民族伟大复兴的历史任务，同样需要中国共产党的领导和社会主义制度的保证才能实现。

（2）坚持独立自主、自力更生的方针是实现中国梦的重要条件。

在经济全球化的时代，一国的发展离不开与其他国家的关联，实行闭关锁国，关起门来自我发展是不可想象的。参与经济全球化，谋求共同发展，实现双赢是最佳的选择。与此同时，必须坚持独立自主、自力更生的方针，形成独立的经济、社会发展体系，不因他人的影响和干预而制约自己的发展。实现中华民族的伟大复兴，并不会一帆风顺，对中国进行战略扼制的因素将长期存在，只有坚持独立自主、自力更生，才不会受制于人，才能踏实地沿着自己确定的发展道路稳定推进，实现自己的发展目标。

（3）坚持将人民对美好生活的向往作为最高追求。

中国共产党从成立的时候起就将全心全意为人民服务作为自己的根本宗旨，社会主义建设的发展是为了满足广大人民群众不断增长的对物质和文化生活的要求，实现中华民族的伟大复兴，其根本目的仍然是为了实现中国人民对美好生活的向往。任何一项伟大事业的成功都需要人民群众的积极参与，中国革命和建设的事实充分证明了这一点，未来的中国梦的实现同样离不开人民群众。把人民群众的利益的实现作为最高追求，就是对人民群众参与实现中华民族伟大复兴的最好动员。

二、中国近现代民族复兴的历史进程

从历史进程的大的阶段划分，可以将中国近代民族复兴的历史分为三个阶段，即鸦片战争至中国共产党成立之前的阶段，中国共产党成立至中华人民共和国建立阶段，中华人民共和国成立至今的阶段。

（一）鸦片战争至中国共产党成立之前的阶段

以1840年鸦片战争为标志，帝国主义列强用坚船利炮打开了闭关锁国的封建制中国，我国从此沦为半封建半殖民地的国家，本来政治腐败、经济落后的中国，再加上帝国主义的掠夺、蹂躏，中国人民深陷水深火热之中，在人民生活困苦、民族危亡的时刻，中国各阶层的有识之士开始了对国家前途命运的思考和行动，许多人民群众也参与了救亡图存的抗争。太平天国农民革命运动、义和团反帝爱国运动、戊戌变法、实业救国的洋务运动、辛亥革命、五四运动等都与这一大背景有关。一些民族精英不惜抛头颅、洒热血，大声疾呼，试图唤醒民众。一些政党、组织也在探寻国家与民族的复兴之路。中国人民的奋争不同程度地打击了阻碍民族复兴的势力，特别是辛亥革命推翻了清王朝的腐朽统治，结束了两千多年的封建制度，但其结果是没有从根本上改变中国的命运，人民群众仍然身受帝国主义、封建主义、官僚资本主义的压迫。

这一阶段探索民族复兴的实践之所以没有成功，人民群众的愿望之所以没有实现，固然有帝国主义、封建主义、官僚资本主义力量强大的一面，进步力量弱小的一面，更重要的原因是还没有找到一条救亡图存、实现民族复兴的正确发展道路。历史在呼唤新生的进步力量，在强烈要求走上民族复兴的正确道路。

（二）中国共产党成立至中华人民共和国成立的阶段

1919 年 5 月 4 日，中国爆发了影响历史发展进程的著名的"五四运动"，这是中国近代史上首次出现的，由学生、工人和其他群众掀起的反对帝国主义、反对军阀卖国的全国规模的革命斗争[13]。中国共产党组织的发起人陈独秀、李大钊积极参与了这一运动，共产国际也派人到中国了解情况，从而加速了中国共产党的成立。从外部环境来看，"十月革命一声炮响，给我们送来了马克思列宁主义。"[14]这些都为中国共产党的成立奠定了重要的基础条件，1921 年 7 月中国共产党的成立，使中华民族的伟大复兴进入了新的阶段。

从中国共产党成立时起，中国革命进入到新民主主义阶段。中国共产党团结和领导全国人民在极其艰难困苦的环境中，面对内外强敌，进行了人类历史上极其艰苦卓绝的斗争，从井冈山到延安，从延安到西柏坡，从西柏坡到北京，由小到大，由弱到强，经过 28 年的奋斗和牺牲，最终彻底推翻了帝国主义、封建主义、官僚资本主义的统治，使中国实现了民族独立、人民翻身解放，建立了社会主义制度的国家。中国历史上的这一巨大变化为什么只有中国共产党才能完成？因为中国共产党是代表社会发展方向的先进的政党，是为绝大多数人民谋利益的政党，是用马克思主义科学理论武装起来的政党。中国共产党领导的新民主主义革命的胜利，为中华民族的崛起和振兴，奠定了重要的政治基础、思想理论基础，为当代中国的振兴创造了不可取代的条件。

（三）中华人民共和国成立至今的阶段

中华人民共和国成立之初，由于抗日战争、解放战争的长期战事，整个中国满目疮痍，百废待兴，其中的首要任务是恢复和发展经济，改善人民生活。正当全国人民满怀信心地进行经济建设的时候，又爆发了朝鲜战争，为维护和平，捍卫国家利益，中国又不得不出兵朝鲜，进行抗美援朝战争。经过一个又一个考验，排除一个又一个阻碍，中国很快实现了国民经济的恢复和发展。"文化大革命"结束之后，当大锅饭的分配制度难以调动人们的生产积极性的时候，当中国与世界经济的发展距离拉大之时，中国又果断适时地实行了改革开放的政策，用社会主义的市场经济体制取代了高度计划经济体制。通过内部的改革调整和对外开放，既激发了人们的劳动积极性，又为人们展示才能创造了前所未有的条件，提供了良好的内部外部环境。中华人民共和国成立以来，除个别和少数年份外，保持了经济的持续快速增长，特别是改革开放以来的发展速度举世公认。如今，中国赶超欧洲各国、日本，成为了世界第二大经济体。目前正在进行消灭贫困、全面实现小康社会的攻坚战，创造着中国速度和中国奇迹。

中国的发展是全面的发展，在经济高速发展的同时，政治、教育与科技、国防与军队、生态环境等都取得了重大进展和历史成就。今天的中国不仅富起来，而且正在强起来。尽管中国在探索中也曾出现失误与挫折，但中国的发展速度确是惊人的、举世公认的。为什么中国能实现这样的发展？归根到底是因为有共产党的领导，发挥了社会主义制度的优越性。未来的中华民族伟大复兴的历史进程中，需要继续在共产党的领导下，进一步完善社会主义制度，发挥出制度的优势。有人针对现实社会中的某些矛盾和问题，试图质疑共产党的领导，否定社会主义制度，这是极其片面和错误的。既然此前的中国特色社会主义建设成就能如愿获得，更应当相信今后的建设和发展同样可以顺利进行，社会矛盾和问题完全可以在发展中得到解决。

三、民族复兴的滚滚洪流不可阻挡

中华民族伟大复兴正在高歌猛进，中国人民正以超强的自信向着既定的目标努力拼搏。但前进的道路不会坦途，还要经历诸多风险的考验。

（一）从国际环境判断，遏制中国崛起的力量仍顽强地存在

一些西方国家在同中国发展经贸关系的同时，视中国为战略对手和敌对力量的思维始终没有改变，"中国威胁论"此起彼伏，一直没有停止，采取各种措施遏制中国发展的企图一直在实施。

1. 建立围堵中国的战略联盟

这些西方国家以共同价值观为理由，以社会制度的对立为借口，想方设法建立围堵中国的联盟。例如在南海问题上，不顾中国对南海享有的无可争辩的主权，不顾中国与南海相关联国家达成的和平解决争端的事实，在利用菲律宾制造麻烦的图谋失败后，美国迫不及待地跳出来，以航行自由为由挑衅中国。日本、澳大利亚、英国、法国等国家遥相呼应，积极配合美国的挑衅行为。可以认为，在中国进一步发展壮大的过程中，类似的挑衅还会发生。

2. 试图对中国"和平演变"的全方位渗透

中国能有今天的发展成就，源于社会主义制度的优越，也是中国人民的智慧将这种优越性发挥到了极致。西方资本主义国家将社会主义制度视为眼中钉、肉中刺，急于扼杀而后快。当苏联社会主义国家解体、东欧社会主义阵营分化后，他们将目标又对准了中国，试图通过"颜色革命"将中国"和平演变"。尽管经过多年的努力尚未达到目标，但他们的企图是没有改变的，采取各种方式的渗透是不争的事实。

（二）中国自身发展中面临着诸多矛盾和冲突的挑战

中国特色社会主义建设前无古人，也没有其他国家可供借鉴的现成经验，许多新问题前所未有，需要在探索和研究中前行，在发展中解决。可以认为，困难是大量存在的，任务是十分艰巨的。当前的经济、政治、文化、社会、生态等领域，有许多新问题有待解决。

1. 经济领域的问题复杂而多变

中国经济的高速度发展是在不断解决新问题的过程中实现的，随着经济发展的新形势，目前需要解决的问题仍然很多，这既有历史积累的问题，也有新形势下的新问题。例如，房地产市场存在着波动的情况，如果出现较大的波动，将会对宏观经济的稳定运行带来不利影响；世界经济运行中，目前存在着严重的保护主义倾向，中国的对外贸易面临激烈竞争，一些不确定的因素严重存在，对中国经济运行存在不利影响的可能等。

2. 政治文明建设任务艰巨

中华人民共和国成立以来，中国的政治文明建设取得了历史性成就，以人民代表大会制度、中国共产党领导的多党合作政治协商制度、民族区域自治制度、基层民主自治制度为标志的民主政治制度的体系已经形成。但中国政治文明建设的任务仍很繁重，有些问题亟待解决。例如，在现代社会急需提高执政党的执政能力，提高服务意识，摈弃官本位思想；加强党的作风建设，坚定不移地遏制和惩治腐败；克服效率低下和低层次的工作方式等。我国近年来惩治腐败的力度明显加大，威慑力大幅提升，人民群众拍手称快，但要从根本上遏制和清除腐败，仍然任重道远，尚需不懈努力。

3. 文化领域的虚无主义思想倾向不能忽视

中国传统文化内容丰富，博大精深，是世界上少有的文化资源，中国人应当为我们的祖先创造的灿烂的历史文化而自豪和骄傲。但在现实中却有一些人试图全面否定我们的传统文化，认为中国之所以落后，就是传统文化束缚的结果。应当说，传统文化中确有糟粕的东西，但却否定不了其中的精华部分的存在，这些精华在现实的市场经济环境下仍然具有不可替代的积极作用。如和谐、宽仁、自强不息的思想等。

马克思主义的科学性为中国革命和建设的实践所证明，在未来的中国特色社会主义建设中，在实现中华民族伟大复兴的进程中，仍然是指导思想，仍然要发挥统领意识形态的作用。然而，一些人试图否定马克思主义，认为马克思主义从产生到现在已经一个半世纪之多，因此已经过时了、不适用了，马克思在世时的客观环境同今天不可同日而语。这是对马克思主义的一种误读，既然马克思主义是改造客观世界和主观世界的科学理论，就有其存在的价值，就具有现实的指导作用。由于马克思主义产生于特定的历史年代，其当时的某些结论、某些语言表述不排除已不具有现实的应用性，但其科学的原理、科学的世界观和方法论并不过时，毛泽东思想、中国特色社会主义理论、习近平新时代中国特色社会主义思想就是马克思主义与中国革命和建设的实践相结合的产物，中国社会主义建设的伟大历史成就，就是马克思主义指导的结果。

4. 社会发展中亟待解决的问题

中华民族伟大复兴的进程需要社会的和谐稳定，需要组织和动员全体人民参与建设和发展，因此需要解决好诸多的社会问题。当前应当重视解决的主要问题包括建立完善的社会保障体系，实现对弱势群体权益的有效保护；通过制度性构建调控社会财富的合理公平的分配，缩小贫富差距；通过精准扶贫，缩小和消除绝对贫困人口的比例等。这些问题涉及社会公众的群体利益，处理的结果影响社会的和谐与稳定，也检验着社会主义制度的优越与否。社会主义制度不同于资本主义制度的根本区别在于其出发点和归宿都是实现人民群众利益的最大化，执政党和国家各级职能机关要全心全意为人民服务。既然如此，就要解决好社会发展中人民群众的切身利益问题，真正关心群众利益，有效保护群众利益，让人民群众享受到社会发展的成果，调动和凝聚人民群众参与民族复兴的自觉性、主动性。

5. 生态环境保护尚需要加强

在资本主义发展之初，社会经济的发展要以牺牲生态环境为代价，往往片面注重和强调经济的发展，忽视生态环境的保护，明知生态环境破坏而无动于衷，甚至转移生态环境的危害，贫弱的发展中国家成了环境破坏的转移对象。在我国现代化建设中，主动实施了经济发展与环境保护的同时进行，努力扼制破坏生态环境的现象出现。但是，某些经济实体为追求经济效益的最大化，不惜违法违规，破坏生态环境。目前因环境破坏造成不良后果的情况时有发生，试图逃避责任追究的手段五花八门，实现生态环境保护的任务仍然十分艰巨。国家通过完善立法，加强执法和司法，使生态环境保护逐步纳入法制化轨道，经过不懈努力，生态环境保护问题会得到根本解决，但这一过程还需要付出极大的努力。

（三）任何力量都不能阻挡民族复兴的大势

尽管有国际敌对势力的遏制与阻挠，尽管有中国发展中遭遇的各种矛盾和冲突，但任何力量都无法阻止中国前进的步伐，都无法干预中国人民向着民族复兴的中国梦奋力前进的激情和信心。从某种意义上讲，任何发展奋进之路都不会平坦和一帆风顺，胜利成果就是在解决矛盾和冲突的拼搏中取得的，这一过程需要艰辛的努力，需要流血牺牲。解决发展中的障碍恰是对中国人民智慧和能力的考验，在中国共产党的领导下，中国人民能从"三座大山"的巨大压迫中站起来，能在一穷二白的经济困境中富起来，能在外来围堵、封锁以及内部环境存在诸多限制的条件下强起来，自立于世界民族之林，显然能在当下的困难和考验中实现中华民族的伟大复兴。

1. 民族复兴的基础条件不断巩固和加强

经过中华人民共和国成立以来近70年的发展，中国的政治稳定，经济持续高速度提升，文化教育科技长足进步，社会和谐，生态环境切实得到改善。与此相伴，我国的军事实力不断上升，远非鸦片战争以后的一段历史中积贫积弱、被动挨打的局面，现如今足以同其他大国强国相抗衡。中国的外交更是取得长足进步，彻底改变了"弱国无外交"的历史。随着中国国际地位的上升，中国人民终于可以在世界上扬眉吐气了，中国成了维护世界和平、维护发展中国家利益的不可或缺的力量。所有这些，都为实现中华民族的伟大复兴奠定了根本性的重要的基础，在此基础上坚持不懈的努力，努力克服前进中的困难，实现中国梦的伟大目标已经成为可能。存在这样一种观点，中国人民从站起来到富起来，再到强起来，已经实现了民族的伟大复兴。从中华民族自身发展的纵向历史来考察，这一观点也有一定的道理，但从世界意义上讲，从与其他国家的比较来看，我们还应当清醒地看到我们的差距，随着"两个一百年"奋斗目标的实现，中华民族伟大复兴的中国梦已经不遥远了。

2. 民族复兴的中国梦是中国人民的人心所向

纵观中国历史，中国人民的政治地位从来没有像今天这样高，中国人民的物质生活条件从来没有像今天这样富有且有保障，中国人民也从来没有像今天这样珍惜这来之不易的胜利成果。中国人民正在享受国家富强、社会发展带来的美好生活，但中国人民从来没有满足于现状，为了国家的进一步繁荣强大，为了子孙后代的幸福生活，为了创造更加强大的中国，中国人民正在以前所未有的激情和奋斗精神，奋斗在实现中华民族伟大复兴的征程中。这是一种巨大的精神力量，以这样的精神力量支撑起来的奋进动力，将是不可战胜的力量。我国实行市场经济以来，一些人把经济调控、物质利益的作用看得比较重，往往忽视精神力量的作用，这是十分错误的。

实现中华民族的伟大复兴，完成"两个一百年"的奋斗目标，应当充分重视和发挥精神力量的作用，把人的主观积极性充分调动起来，把人的聪明智慧充分挖掘出来，这是实现奋斗目标不可缺少的。

3. 中国共产党的领导凝聚了全国人民的力量

中国新民主主义革命的胜利是在中国共产党的领导下取得的，中国社会主义建设的成就是在中国共产党的领导下取得的，中国实现"两个一百年"的奋斗目标也只有在中国共产党的领导下才能实现，所有这些都源于中国共产党的先进性。之所以中国共产党是先进的政党，是因为中国共产党用最先进的科学理论——马克思主义——来武装，始终将马克思主义作为指导思想，实事求是地运用马克思主义，与中国革命和建设事业紧密结合，创造性地发展了马克思主义，形成了毛泽东思想、中国特色社会主义理论和习近平新时代中国特色社会主义思想。中国共产党的理论主张和社会实践，代表了中国社会的发展方向，代表了全中国人民的根本利益，获得了人民的支持和赞誉。任何一项伟大事业的完成，都不是少数人的事，都不是少数人所能完成的，需要广大人民群众的参与和奉献，中国革命和建设是如此，中国实现"两个一百年"奋斗目标，实现中华民族的伟大复兴同样是如此。能够把人民群众动员和组织起来，形成万众一心的群体力量，去完成重大的历史任务，中国近代发展史证明只有中国共产党能做到，领导中国人民实现伟大的民族复兴，也同样必须依靠中国共产党。

4. 从《国歌》看中华民族伟大复兴的未来

一个民族、一个国家的崛起和振兴，需要诸多因素的综合作用、诸多条件的结合、诸多的标志点，笔者仅从《中华人民共和国国歌》（以下简称《国歌》）的词曲谈民族复兴的未来前景。首先，《国歌》的歌词催人奋进，它告诉人们，如果不愿做奴隶，就要起来奋斗，把我们的血肉铸成新的长城，我们要万众一心，冒着敌人的炮火前进。它明确无误地提示人们要有危机意识，摆脱危机的途径就是团结奋斗。唱起《国歌》，就受到提醒。其次，《国歌》的音乐昂扬向上，鼓舞人们奋发图强。一首激昂的乐曲，能够激发人们奋发向上的力量，鼓舞人们向着既定的目标前进。面对强敌唱起它，可以前仆后继，不怕流血牺牲，勇于胜利。面对艰巨的任务唱起它，可以激发斗志，排艰克难，取得业绩。这首《国歌》从新民主主义革命取得胜利唱到社会主义建设成就辉煌，还将唱到中华民族的伟大复兴。

第二节　民族复兴的实现条件

一、中国的复兴需要和平稳定的国际环境

（一）中国的发展必须融入经济全球化的趋势

1. 经济全球化是一种必然趋势

经济全球化的过程，是商品、资本、技术、劳动力等生产要素在全球范围内跨越国界、自由流动，各国、各地区经济活动相互联系为一个整体的过程。经济全球化形成了资源、信息共享，机遇共存，形成了经济实体共同遵循的原则和规范，仅从经济意义上讲，国家的界限被一定程度地弱化。

在经济全球化的背景下，商品流通形成了世界性的市场，经济主体成为世界市场的主体；世界市场形成了共同的原则和规范，违背将被排斥出局；世界经济形势的状况将对各个国家产生影响。

从经济发展的过程来看，当代世界的经济运行中，如果一个国家试图封闭起来，与其他国家的经济发展完全隔绝，是绝不可能的。如果这样，经济发展就会陷入停滞，或者停留在低水平上运行。只有融入世界经济发展的潮流，各取所长，各得所需，实现共赢，才能加快本国经济的发展。

2. 参与经济全球化极大地促进了中国经济的发展

中国经济的高速发展，特别是改革开放以来的持续稳定的高速发展，与中国主动融入经济全球化的潮流不无关系。中华人民共和国成立之初，国外敌对势力曾经对新中国实施了遏制与封锁，使中国对外交往受到极大限制。中国实行改革开放的国策，使世界上许多国家看到了中国市场的潜力，主动与中国开展经济交往，中国更是不失时机地主动与各个国家进行经济往来。其结果是既促进了中

国的经济发展，也使其他交往国家达到了预期目的，实现了双赢。事实证明，经济全球化是一种必然趋势，中国是参与经济全球化的受益者，也同时为世界经济的发展做出了应有贡献。特别在当下，中国被公认为是世界经济发展的引擎。

当下不容忽视的一个问题是，个别世界经济强国公然与经济全球化的规则相悖，运用本国法代替世界贸易组织（WTO）规则，实施贸易保护主义，其结果不仅对世界经济的发展产生极其不良的影响，而且对本国经济也会产生负面影响，正所谓损人不利己。世界各国都应引起充分的重视，阻止和抑制这种趋势的滋长。

3. 经济全球化中国家的作用不应被忽视

我们说，经济全球化可能使国家界限被一定程度地淡化，这只是就经济意义而言的，经济全球化之下，国家仍然是本民族整体利益的代表者，仍然是国际社会最具实力的主体，经济运行规则的制定，经济秩序的维护，离不开国家的参与。中国是一个大国，正逐渐成为经济强国，同时作为联合国常任理事国，应当有大国的担当，应当在维护国际经济秩序、解决矛盾和冲突中发挥积极作用。为此，中国应当首先把自己的事情办好。中国应当进一步提高综合国力，在政治、经济、军事、外交等方面协调发展，具备足够的影响力和话语实力，坚持公平正义，积极维护发展中国家的权益。中国应当积极应对来自外部和内部的挑战，化解各种可能的风险，持续发挥世界经济运行中的引擎作用。

（二）和平的国际环境是发展的基本条件

1. 世界和平是经济与社会发展的前提

经济与社会的发展需要诸多条件，其中的和平环境是最基本的条件，一旦出现战争、社会动荡、群体冲突等事态，经济不仅不能发展，还会受到重创，造成经济危机、经济崩溃等后果。以近年来发生的伊拉克战争、利比亚战争、叙利亚战争为例，战前战后相比较，战争均使这些国家的经济与社会发展遭受重创。如果发生大国冲突，必将影响到世界经济的发展。总结古今中外的历史经验，都会得出这样的结论：经济与社会的发展离不开和平的社会环境和国际环境，战争与动荡会重创经济与社会的发展，和平的环境是经济社会发展的基本保证。

2. 维护和平是世界各国的共同责任

追求经济与社会的发展是人类的共同企盼，是世界各国共同追求的目标。为达此目的，世界各国都应当承担起维护和平的责任，共同努力抑制破坏和平的因素滋长。首先，维护和平是所有国家的责任，即便是小国、弱国，联合起来也能形成巨大的力量。某些国家由于信仰、领土、历史遗留问题等因素，常常发生冲突，其结果常常受到大国的利用和操纵，受大国的干预，最后受损的仍然是弱小国家，这是应当记取的深刻教训。其次，任何国家的发展都应坚持平等互利的原则，不应当以掠夺他国、不惜破坏他人的利益来满足自己的需求为代价。数百年前的资本主义发展初期，弱肉强食、侵略扩张、以大欺小的历史已经成为过去，当今世界，如果哪一个国家试图重演数百年前的历史，靠侵略或掠夺为生，注定是行不通的。再次，在维护和平的过程中，大国的责任尤为突出，因为大国具有经济、政治、军事、外交的优势，当其成为维护和平力量的时候，和平的实现程度就会很高，当其成为破坏和平力量的时候，实现和平的可能性就会很小，即便实现了维护和平的结果，也要付出相当大的代价。

3. 中国应当成为维护和平的制衡力量

中国是公认的大国，正在迈向强国的行列，又是联合国五个常任理事国之一，理所当然应当成为维护和平的中坚力量。首先，中国的传统文化一直倡导和、和谐、合作共赢，这一传统文化直至当今，仍然对当代中国处理国际关系产生指导作用。中华人民共和国成立之初提出的和平共处五项原则，充分体现了中国传统文化的精华，也赢得了世界各国的一致认可，当今成了世界上处理国与国关系所共同遵守的准则。其次，依中国现有的实力，虽然不能算是世界强国，却正在向强国迈进，对于中国现有的实力，即便是那些号称强大的国家也不敢小视，何况中国正在快速发展。在目前的世界舞台上，中国正在扮演维护和平、主张正义的重要角色，作用日益凸显。最后，依当下的发展速度，中国将会逐步缩小与最强大、最发达国家的距离，有可能在比较短的时间里赶上发达国家，中国速度正在创造中国奇迹。当中国进一步强大之后，更应当成为维护和平的力量。

（三）中国的强大是维护和平的根本保证

1. 国际间的冲突不断，破坏和平的力量难以消解

当前世界的总趋势，和平与发展是主流，追求和平与发展是世界人民的共同企盼，维护和平的力量不断增长。但是，不安定的因素仍然存在，破坏和平的威胁仍然呈上升态势。首先，尽管世界的总趋势是和平发展的，但区域性的、小规模的战争几乎从未停止，如伊拉克战争、利比亚战争、叙利亚战争、阿富汗战争等，其中的许多战争都或多或少反映出大国参与或干预的影子，有些甚至就是大国直接发动的。其次，遍布世界的恐怖主义袭击时有发生，随时造成或大或小的伤害，而伊斯兰国恐怖主义组织的猖狂活动，更是对地区和世界造成了严重危害。再次，大国之间的敌视和较量，更是潜藏着危害和平的因素。如世界超级大国美国一直将中国的崛起和发展视为潜在的威胁，把中国作为战略对手加以遏制，不断利用台湾问题、南海问题试探中国的底线，危害中国的核心利益，中国的忍耐不会没有限度，战争的风险在逐步增大。一旦发生战争，将会对世界产生不可估量的影响。

2. 维护和平需要强大的制衡力量

和平是人们的希望，发展是人们的追求。怎样实现和平与发展？首先，要壮大发展维护和平的力量，这种力量要强大到让那些试图破坏和平的人们不敢轻举妄动，如果他们要发动战争，将给自己带来灭顶之灾。一些发动战争的人总认为自己强大，总认为可以战胜或消灭对手，如果对手强大到不可战胜，或者在毁灭对手中自己也将面临毁灭的时候，难道他们还敢发动战争吗？其次，维护和平是世界上所有国家、所有人民共同的任务，任何一个国家或个人都有义务参与到维护和平的使命中。任何发动战争、破坏和平的行为都会带来不同程度的危害，谁想把自己排除在影响之外都是很难的。如果所有国家和人民都旗帜鲜明地反对战争，谴责战争的发动者，用积极的行动参与到反对战争的洪流中，都是一种正义的力量。

3. 中国的责任与担当

维护世界和平与发展的潮流朝着正确的方向发展，中国承担着重要的责任，这是作为大国的担当，是作为联合国常任理事国的应有责任。首先，维护和平与发展的趋势不变，是中国自身发展的需要。中国改革开放以来高速稳定的发展，源于自身社会的和谐稳定，源于和平发展的国际环境，在某种意义上讲，没有国际社会的和平发展环境，就不会有中国融入经济全球化的机遇，就不会有中国快速发展的今天。这样的经验永远值得记取。中国未来实现"两个一百年"的奋斗目标，完成中华民族伟大复兴的历史使命，和平发展的世界环境仍然是重要条件。其次，维护和平发展的世界环境是中国应当履行的国际义务。应当说，在维护国际和平的问题上，世界上的任何一个国家都负有义务，而中国的特殊性在于，虽然中国还不是世界强国，但中国是正在崛起的发展中大国，中国的国际影响力不断增强，对世界经济的发展举足轻重，又是安理会常任理事国，维护和平与发展更是责无旁贷的。中国不会称霸世界，不会干预和侵略弱小国家，但应当是维护正义、追求和平、勇于担当的主体。

（四）以斗争促和平是重要手段

1. 消解破坏和平的手段是积极的斗争

维护世界和平与发展，或许人们抱有良好的愿望，相信和平是人们的共同追求，但破坏和平，挑起和发动战争的案例却连续不断，不仅小国之间经常发生，而且大国介入甚至直接发动的战争也未间断。之所以如此，许多情况是因为各自的利益导致。应当怎样防止发生战争和动荡，实现和平？很重要的因素就是同制造战争和动荡的力量进行坚决的斗争，阻止战争和动荡的发生。可以认为，消解破坏和平的因素，与其进行坚决不妥协的斗争是最重要的手段。良好的愿望不能削弱一些人的贪婪，软弱的立场和态度在某种意义上是对恶势力的纵容。同时应当相信，正义的力量能够凝聚起人们的信心，反动的力量不得人心，为正义而斗争的力量会越来越强大。

2. 抑制反和平的力量需要足够强大

当正义的力量与反动的力量进行较量时，何者占优，往往决定了截然不同的结果。一般来说，正义的力量终将获得胜利，邪恶的力量终将失败，但在当下的具体国家与社会的关系中，不应容忍邪恶力量的兴风作浪，为所欲为，应当有人站起来维护正义，应当有人跟上来支持正义。从而凝聚起正义的力量，去战胜邪恶的力量。在捍卫和平正义的力量与破坏和平正义的力量的较量中，两者很有可能此起彼伏，此消彼长，不断变化。坚持正义的群体必须时刻牢记这一点，进行长期不懈的积累，发展和壮大自己，时刻准备与邪恶的力量进行坚决斗争，抑制邪恶力量的增长，战胜邪恶的力量。与邪恶的力量不能妥协，不能以善良之心等待邪恶力量的自动改邪归正，唯一的选项是与之进行坚决的斗争，战胜和消除邪恶的力量。

3. 中国的发展与强大是唯一选择

如前所述，中国在当代的发展中实现了高速稳定的发展，经济实力不断巩固，军事与外交长足进步，国力不断增强，正在向强国迈进。但中国尚不足以遏制敌对势力的为所欲为，一些国家在挑战世界和平的同时，不断在中国周边挑起事端，利用台湾、南海等议题试探中国的底线，甚至直接向中国发起挑衅。为壮大和平发展的力量，为扼制敌对势力的挑衅，中国的发展强大是唯一的选择。永远不要幻想敌对势力的弃恶从善，不要指望反动势力的改弦易辙，不要放弃自身的发展强大。当中国的实力超越敌对势力，可以对其战而胜之的时候，才会使之畏惧和害怕，才不敢轻举妄动。一些恶势力国家都有一个共同特点，就是欺小怕大，欺软怕硬，而硬起来的基础是自身的强大和自信。

二、中国的发展需要全体中国人民的团结奋斗

（一）承前启后是当代中国人的历史责任

中华民族有过历史的辉煌，也有过近代的屈辱，经过中国人民不屈不挠的努力，不仅在百般困境中勇敢地站起来，还靠自己辛勤的双手实现了富裕，进而实现了今天的强大。中国人民奋斗的成果来之不易，在接受科学理论指导的同时，更找到了正确的发展道路，在运筹帷幄的同时，更付出了极大的牺牲，在已经取得卓越的历史性成就的同时，更明确了今后一个时期的前进方向。尽管中国的建设和发展成就显著，但中国人民没有理由就地止步，满足于现实，在前人奋斗的基础上更进一步，去创造更加灿烂的未来，实现承前启后的衔接式发展，是当代中国人民的历史责任。历史的发展没有尽头，中国人民的奋斗就不能停止，不前进就会被超越，就要落后，

已有的成果就会付之东流，这是所有中国人民都不愿意看到的。做到承前启后才能对得起前人，对得起历史，对得起我们自己。

（二）攻坚克难是当代中国人的历史任务

实现"两个一百年"的奋斗目标，完成民族复兴的愿望，既有来自外部的和平发展、共同繁荣的态势，也有对我国遏制、挑衅、围堵的挑战；既有良好的发展基础，积累了较丰富的经验，也有前所未有的经济、政治、文化、社会、生态等新问题需要破解。总之，既有有利因素，又有严峻挑战。中国人民的勤劳勇敢既表现为埋头苦干，乐于奉献，还表现在直面挑战，勇于创新，在创新中求发展。在当前中国的发展中，诸多问题需要用创新精神去解决。应当树立创新意识，发扬科学精神，用这种意识和精神指导我们去发现问题，解决问题；应当具备创新能力，包括科技创新能力、经济模式创新能力、政治运行创新能力等；应当传播创新思想，倡导社会发展的创新，发动更多的人参与创新。当下中国发展过程中，一些高科技国家对中国进行了严密的技术封锁，中国解决这一问题的根本方法就是自主创新，其结果非但没有阻碍中国科学技术的发展，反而促进中国的创新发展，致使中国的一些发明创造达到了世界先进水平。

（三）万众一心团结奋斗是基本保证

总结中国近代的发展经验，中国人民之所以能面对"三座大山"的强大压力而站起来，是全中国人民团结一致，共同努力，不怕流血牺牲的结果。中国人民之所以能在一穷二白、满目疮痍的烂摊子中恢复国民经济，逐渐走上经济发展的快车道，是全国人民万众一心、激情满怀、追求幸福生活的结果。中国人民之所以能在世界民族之林中崛地而起，开始强大，走向强大，是中国人民用宽广的视野看世界，用聪明智慧和创造精神赶超世界发达国家的结果。如今，中国走向世界，走向民族复兴的未来，实现更加美好的生活，更离不开全国人民的团结奋斗。正如毛泽东同志所说："人民，只有人民，才是创造世界历史的动力。"动员和组织起全国人民团结一心谋翻身、谋富裕、谋强大，在共产党之前的社会中是无法想象的，有了共产党，才有了人民群众团结一心的状态，才创造了中国发展的奇迹。根本原因是共产党把人民的利益放在高于一切的地位，全心全意为人民服务。当下的中国共产党领导和中国特色社会主义制度，更能集中人民群众的愿望和要求，中国的发展，中华民族的伟大复兴无人能挡。

三、民族复兴中高素质的人的作用至关重要

尽管实现民族复兴的影响因素很多，其中最重要的因素是人的因素。没有适应民族复兴的高素质的人，一切皆成空话。有了适应民族复兴的高素质的人，并形成庞大的群体，就能破解难题，开拓创新，加快民族复兴的步伐。

（一）当代人的高素质的标志

1. 德行与才干的结合

考核人才的基本标准应是德才兼备，德能勤绩的要求。我国的教育方针是使受教育者德智体美全面发展，成为社会主义事业的合格建设者和可靠接班人。这里强调的是高素质的人要具备的条件之一就是德行与才干的结合，缺少德与才中的任何一项，都是一种素质的缺陷，都不是一个完整的人。如果一个人品德高尚，人人称赞，但没有真才实学，没有解决实际问题的能力，仍不能适应现代社会的要求。反之，如果一个人的专业能力很强，动手能力很强，善于解决实际问题，但德行不良，极端自私，为达个人目的不惜违法犯罪，出卖国家和人民的利益，这样的人能力再强又有何用。德与才两者都不能偏废，任何时候都需要两者的和谐统一。其中，德行的因素最为重要，它起到把握方向的作用，能够确保一个人不偏离做人的轨道，掌控人生的正确方向。如果一个人的人生方向正确，那么在高尚情操的作用下，就会有利于刻苦努力，增长才干，有所作为。

2. 身体强健与心理和谐的结合

一个健康的人是现代社会的普遍要求，中华民族的伟大复兴需要中国人民群体中的绝大多数人保持健康的状态。这里所说的健康，既包括身体健康，也包括心理健康，两者缺一不可。人的身体的体质状态十分重要，一个人的体质健康，进而达到一个民族的群体的体质处于良好状态，是这个民族兴旺发达的人才条件与物质条件之一，中国近代史上的积贫积弱，也包括民族群体的体质上的虚弱，

因此被一些发达国家称之为"东亚病夫"。如今的中国，经济社会的发展促进了人们体质的增强，人们体质的良好状态为经济社会的发展奠定了基础，也为今后的发展创造了条件，也彻底甩掉"东亚病夫"的帽子，今天的世界，很难再有人将中国人民形容为"东亚病夫"了。同时，一谈到健康，人们往往想到人的体质状态的健康，很少与心理健康联系起来。事实上，人的心理健康与身体健康同样重要，一旦心理有了疾病，处于不健康状态，对这个人可能带来毁灭性后果，其体制状态再好也失去了意义。对一个群体、一个民族而言，其心理健康更加重要，如果心理状态良好，会把这个群体、这个民族引向良性发展的轨道，如果心理状态出错，会给这个群体、这个民族带来灾难，甚至走向毁灭。

3. 实干精神与国际视野的结合

无论是一个人的个人价值的实现，还是一个群体、一个民族的整体目标的实现，都离不开脚踏实地的实干精神。正所谓社会主义是干出来的，不是说出来的，也不是等出来的。以近现代中国革命和建设的实际为例，中国新民主主义革命过程中，从井冈山的艰苦斗争到二万五千里长征，再到延安时期的艰苦抗战，直至全国解放战争，在中国共产党领导下，中国人民以革命理想大于天的英雄气概，在极其艰难困苦中，在常人难以理解的生存环境中，战胜险恶环境、战胜强敌，最终取得胜利，这是靠流血牺牲干出来的。社会主义建设面对极其薄弱的发展基础，面对敌对势力的封锁和遏制，中国人民靠自力更生、艰苦奋斗、独立自主的精神，快速发展了经济，稳定了社会，巩固了人民政权，继承和发展了社会主义文化，取得了中国特色社会主义建设的伟大成就，是全国人民流汗流血干出来的，没有踏实肯干，就不会有今天的发展。一个个体成员的人生价值的实现，同样需要付出极大努力，有付出才会有收获。当然，努力付出固然重要，但仅仅靠付出是远远不够的，还要明确干的方向，知道为什么干，为谁干，干的目标是什么，能正确运用智慧和力量。在当下的奋斗中，要有广泛的视野，要有既定的方向，要有面向世界的胸怀，做到这一点，就会掌控好方向，立于不败之地。

4. 继承传统与开拓创新的结合

传统一般被解释为世代相传、从历史沿传下来的思想、文化、道德、风俗、艺术、制度以及行为方式等，是历史发展继承性的表现，在有阶级的社会里，传统具有阶级性和民族性，积极的传统对社会发展起促进作用，保守和落后的传统对社会的进步和变革起阻碍作用。对待思想、文化、道德等传统，存在着两种错误的认识：一是对传统持完全否定的态度，认为传统在现代社会中已经失去应有价值，继承传统难以被现代社会所接受；二是对传统持完全肯定的态度，认为老祖宗的东西都是好的，一个也不能丢。正确的选择应当是以马克思主义的辩证唯物主义思想为指导，客观地、辩证地、一分为二地看待传统，摈弃那些腐朽落后的传统，继承和发扬优秀的传统。作为现代社会的高素质的人，应当对传统持正确的态度，并在继承传统的同时，面向未来，勇于进取，开拓创新，实现继承传统与开拓创新的最佳结合。在某种意义上讲，继承传统是为了更好地创新，合理地继承有利于更好的创新。如传统道德文化中的自强不息、进取与奉献精神等，可以促进人们树立创新思想，付诸创新行动。

（二）思想道德素质是人的最重要素质

现代人所应具有的诸多素质中，思想道德素质是人的最重要的素质，与其他素质相比，思想道德素质具有统领的作用。

1. 思想道德素质决定人的行为方式的取向

生活在现实中的人，其行为千差万别，各自行事，除极个别的无意识、无行为能力的人之外，绝大多数人都是在思想、意识支配下自觉行为。这些行为中，有的致力于国家、社会的发展，追求个人积极的人生价值的实现，所做之事为他人和社会所肯定和赞誉。有的行为贪图私利，为实现个人的愿望不惜损害国家、集体、社会和他人的利益，其行为受到社会和他人的谴责和批判。为什么人们的不同行为获得的是社会的截然不同的评价？是因为不同的动机支配人们采取了不同的行为，产生了不同的社会效果。而决定人们行为的重要动因，就是人们的思想道德素质。一个思想道德素质高尚的人，断不会做出危害社会、危害他人的事情，只有思想道德素质低下的人才会如此。

2. 思想道德素质引领人的前进方向

在人的生命旅途中，面临着诸多的人生转折，需要做出相应的人生选择，选什么路，做什么事，能发挥引领作用的是人的思想理念。一个人的思想道德素质积极向上，与社会发展的要求相一致，在人生选择时就会做出正确的抉择；反之，思想道德素质低下腐朽，与社会发展的要求背道而驰，其做出的抉择很难正确，往往对社会和他人造成危害。评价一个人的存在价值，一般要首先考察他的思想道德素质，可见思想道德素质对一个人的成长成才，对一个人的存在价值是何等重要。正因为如此，人们的普遍共识是，德才兼备德为先，德智体美德为首。

3. 思想道德素质塑造人的内在灵魂

人的精神家园的构建也是一项社会工程，是在人的社会实践中，通过对世界、对人类群体、对他人的感知、体验、评价、取舍中逐渐完成的。存在决定意识，社会实践决定人的思想形成，而一旦形成了对客观世界的稳定认识，则会采取对社会回报性的行为。构建完整的、正确的、稳定的、积极向上的精神世界，对于个体的人而言，能够决定一个人的人生价值，对于国家、社会而言同样重要，涉及社会的精神文明建设，涉及社会的稳定与发展的状态。良好的思想道德素质既是一个人的精神家园的组成部分，又是构建精神家园的动力和支撑。

第三节　道德规范的特殊价值

"道德规范"是伦理学中的一个专门词汇，如果从抽象的学术名词来理解，一般认为道德规范是从一定社会或群体利益出发，用以调整人与人之间利益关系的行为准则；是判断、评价人们行为善恶的标准。如果将道德规范赋予具体的内容，探讨不同时期、不同社会群体主张、倡导的道德规范，则道德规范就具有了丰富的内容。

中华民族的伟大复兴需要社会群体的精神动力的支撑，需要加强社会主义道德建设，民族复兴本身也包含对传统文化的继承，实现道德建设的发展。实现民族复兴，道德规范具有特殊的不可替代的价值。

一、设定人们行为的评判标准，约束和规范社会群体的行为

（一）道德规范是对人们行为善恶优劣的基本评价标准

1. 对人们行为的社会评价无所不在

人们每时每刻都在从事各自不同的行为，人们的社会行为千差万别，整个社会看似杂乱无章。其中某些人的行为可能危害社会，危害他人，但绝大多数人的行为仍然被社会所认可，被他人所接受。在社会的正常运行中，社会评价发挥了重要的作用，这种评价是多方面的，绝大多数人会顾及这种评价。除了社会评价之外，人们还会有自我评价，对自己行为的善恶是非、合法违法等进行甄别，做出适当的选择。生活在社会群体之中，社会评价的力量有时可能通过一定形式展现出来，有时可能是无形的，即便是无形的评价，也能展现出一定的影响力、感召力、推动力，对人们的行为产生制约。

2. 对人们行为的评价标准应当相对一致

就社会评价而言，不同的行为会有不同的评价，同一行为也会有不同的评价，如走向社会的学雷锋活动，有人肯定和赞扬，有人可能否定和贬损。可见不同的评价主体，可能适用不同的标准，对同一行为可能得出不同的评价结论。在现代社会，尤其是多元化、言论自由的环境下，试图完全统一人们的认识几乎是不可能的。但对多数人评价标准的统一是可能的，多数人的评价、人民群众的评价应当是被认可的评价。

3. 社会主义道德规范是基本的评价标准

人们的生活和社会存在，具有一定的社会历史性，不同的历史时期，由于社会性质、主流社会的评价标准不同，对人们行为的社会评价结果必然不同。在当下的中国社会，其性质属于社会主义社会，其优越性在中国社会的发展中逐步展现出来，为中国人民所认可，为世界人民所期待。这样环境下的人们行为的社会评价，主要是社会主义的道德规范和法律规范，由于道德规范的调整范围远大于法律规范，有些法律规范无法调整的行为要靠道德规范来调整，道德规范还能实现对人们行为的自我评价、自我调整，因此社会主义道德规范应是调整人们行为的最基本的规范，是基本的评价标准。

（二）道德规范的约束是社会发展中不可选择的约束

1. 行为自由与社会约束都不能偏废

自由是人们的普遍追求，人类社会的发展进步的标志之一，就是人们对自由的实现程度越来越充分，自由的空间越来越广泛。但是自由又永远是相对的自由，绝对的自由是不存在的，当一个人实现了绝对的自由，可以为所欲为、毫无顾忌地享受自由的时候，很可能就要侵犯他人的自由，如果出现这样的情况，不仅被侵犯自由者不会接受，公平的社会也不会允许。一个现代人，既可以尽可能多地享受自由，又必须尊重他人的自由，接受社会规范的正当约束。那些侵犯他人、危害社会的人，都是把个人自由享受得过了头，为个人自由而破坏规范，侵犯他人。

2. 道德规范是最基本最重要的约束

如前所述，对人们的行为具有约束作用的规范包括道德规范、法律规范、宗教规范、习惯规范等，这些规范都具有相应的制约作用，都为人们的行为确立了规则，遵守这些规则会有利于社会的和谐稳定，有利于维护良好的社会秩序。其中的道德规范是最重要的规范，因为道德规范具有最广泛的调整空间和领域，许多法律规范、宗教规范、习惯规范不能调整的领域、无法涉及的人类个体或群体，道德规范均可以调整。对调整对象的所有行为，几乎都可以进行善恶是非的评价，其他规范可以调整的行为，加之道德规范的调整，可以加大调整的力度，进一步发挥规范的作用。如一个人违犯了法律规范，受到了法律规范的惩治，被追究了法律责任，同时进行道德规范的调整，可以促进违法者的道德反思，考问其道德良知，从内心深处接受教育，对社会公众也是难得的善恶是非的教育，深究违法犯罪的原因，真正做到引以为戒。

3. 社会主义道德规范的动员价值和导向价值

社会主义道德规范产生于社会主义制度之下，与社会主义的未来发展相一致，倡导社会主义道德规范，积极践行社会主义道德规范，必然对中华民族伟大复兴的中国梦产生积极的作用。首先，人们参与社会实践，既需要人财物的有形的付出，也需要精神的支撑，需要精神力量的投入，巨大的精神力量可以转化为巨大的物质力量。

社会主义道德规范可以提供人们需要的精神食粮，使人们明确前进的目标，坚定不移奔向既定的目标。其次，群体的行为需要统一的思想指导，需要精神的凝聚，我国社会主义道德规范继承了中华民族的优秀传统道德，代表了人民群众的道德需求和精神追求，倡导和践行社会主义道德规范，等于树立起一面思想道德的旗帜，将人们的思想统一起来，将人们的精神凝聚起来，为实现中华民族伟大复兴的共同理想而奋斗。

二、培养有志向、有理想、奋进向上的一代新人

（一）全新的历史任务需要全新的一代人来完成

1. 崇高的历史任务需要高素质的人去实现

中华民族的伟大复兴需要经济的进一步发展，需要科技占领世界前沿，领先世界发展水平，需要有中国特色的思想文化的进步，需要国防和军事的强大，需要生态环境的改善，等等，如此这些都需要人来完成，能完成这样任务的人，应当是适应时代要求的、高素质的人，这些人要有理想、有道德、有文化、有纪律，德智体美全面发展，这些人要立足中国，放眼世界，能把握时代发展的脉搏，具有参与世界竞争的能力，这些人要有责任感和使命感，勇于担当，开拓进取，以中华民族伟大复兴为己任。这些人是一个庞大的群体，其综合素质要大大高于历史上的任何一个时期的人们的素质。

2. 中华民族伟大复兴的历史任务需要一代一代思想道德素质高尚的人去奋斗

未来中华民族伟大复兴的历史任务需要高素质的人来担当，其中必不可少的是思想道德素质，总结中国近代民族复兴的发展进程，每一个阶段的进取，每一个转折和胜利，都是由一大批高素质、特别是具有高尚道德情操的群体来完成的。孙中山领导的辛亥革命的胜利是如此，中国共产党领导的新民主主义革命的胜利是如此，中国社会主义建设成就是如此，未来中华民族伟大复兴的中国梦的实现也会是如此。靠道德素质低下的人去完成民族复兴这样的历史任务是不可能的。

3. 培养德智体美全面发展的新一代建设者和接班人是重要保证

中华民族伟大复兴的中国梦需要德智体美全面发展的新一代建设者和接班人去完成。这里所说的建设者，主要是针对业务素质、专业能力而言的，未来中国特色社会主义现代化建设要面对许多需要解决的专业性、技术性的新问题，专业能力差，无法胜任高端技术性工作，必然制约和暂缓建设的推进和发展的步伐，可见专业能力的重要。这里所说的接班人，主要是针对思想道德素质、政治态度和立场而言的，在中华民族伟大复兴的历史进程中，需要人们践行社会主义道德规范，坚持中国特色社会主义道路，坚持中国特色社会主义制度，坚持马克思主义的指导，能主动排除各种错误思潮的影响，树立正确的人生观、价值观。

（二）社会主义道德规范建设是培养一代新人的重要环节

1. 道德规范建设绝不是可有可无

我国实施社会主义市场经济体制以来，在市场机制发挥重要的调控作用的同时，有些人对道德的作用、对道德规范的建设有所忽视，甚至认为可有可无。对此问题，在下一节将会论及，这里需要强调的是，就培养一代新人而言，加强道德规范教育，重视道德规范建设已十分迫切，如果被忽视和淡化，就会犯原则性的错误。人们的思想空间，社会主义道德规范不去占领，其他形形色色的错误思想观念就会无孔不入地侵入，而一旦错误的思想观念占据人们的思想空间，支配人们的行为，就会产生极其严重的后果。

2. 当代青少年的成长环境面临诸多考验

实现中华民族伟大复兴的中国梦，当代青少年负有历史责任，中华民族能否实现伟大复兴？民族复兴的进展程度如何？都要看青少年的表现如何。目前的青少年成长在全新的环境中，他们同上一代人的艰苦创业的环境完全不同，他们享受着前辈们创造的良好环境，他们接受着良好的教育，他们获取信息的渠道广泛，视野广阔，文化科技基础良好，思想道德教育系统全面。但他们也有前辈们没有经历的环境，市场经济发展的负面影响客观存在，思想文化多元化的现实使得他们接触错误思潮的机会大大增加，辨别与取舍成为困难，来自外部的错误价值观也在不断袭扰，敌对势力将青少年作为争夺对象，试图"和平演变"的企图从未停止，所有这些，使青少年的人生观、价值观的形成变得复杂，培养社会主义的建设者和接班人的任务变得十分艰巨。

3. 加强青少年的思想道德教育要常抓不懈

在当代青少年的成长过程中，在各种考验面前，对青少年的思想道德教育要常抓不懈，任何忽视、怠慢的思想，等待青少年自我反思、自行成长成熟的思想，满足于已有的教育、不思加强和改进的思想，都是十分错误的。当前加强青少年的思想道德教育，确实面临前所未有的环境，需要破解一个个难题，但实施教育的条件也同样是历史上最好的时期，可以通过从小学、中学到大学的系统教育，构成青少年思想道德教育的科学体系，可以利用各类媒体和信息渠道，实行全方位立体交叉的教育，可以通过学校、家庭、社会的有机配合，实现全覆盖的教育，实现教育的目标。

（三）道德规范建设需要全人类面对和解决

1. 中国梦与人类的梦想应同步进展

中国人有实现中华民族伟大复兴的中国梦，世界各国人民都有自己发展进步的梦想，人类社会也有全人类文明进步的梦想。从发展的意义上讲，从对未来的规划和设计来讲，梦想为人类所共有，我们自己有梦想，也应当允许别人有梦想，当人类的梦想能美梦成真，就是人类共同走向了文明与进步。人与人之间、国家与国家之间的梦想不应冲突和对立，为梦想而奋斗，应有很多契合和共同之处，如果人类能为各自梦想的实现而相互支持，共同促进，人类的文明与进步的步伐会大大加快。如果为实现自己的梦想而抑制他人的梦想，破坏他人梦想的实现，自己的梦想也会受到负面的影响，甚至很难实现。中国提出的建立人类命运共同体的构想，尊重其他国家和人民设计的发展梦想，主张合作共赢、共同发展的思想，适应了人类社会发展进步的要求，因而赢得了各国人民的赞赏和支持。实现人类的梦想，人类应当共同承担起责任，如果用有你无我的零和思维，既不利于他人，更不利于自己。损人不利己，这种思想和行为应当摈弃。

2. 道德规范建设是全人类共同面对的问题

在人类社会的发展进步过程中，要面对许多共性的需要解决的问题，道德规范建设问题就是其中之一。任何一个国家、一个社会，从国家发展稳定的意义上讲，从社会进步与繁荣的意义上讲，从培养未来高素质的一代新人的意义上讲，都需要重视和加强道德规范的建设。谁能把这一工程建设得好，就为未来奠定了牢固的基础，存储了未来发展的力量。如果忽视这项工程，就有百害而无一利。从处理国与国之间的关系来讲，各国的领袖和精英们需要有制定和遵守法律规章的能力和意识，更要有对全人类负责的高尚的道德情操。从现有的国际秩序的运行来看，违犯国际法律规则的事比比皆是，以一国的国内法强制适应于他国，破坏国际秩序的案例时有发生。如果能把道德规范建设好，各国领袖和精英能遵守道德规范，站在道德制高点上观察和处理国际事务，国际秩序才能得到很好的维护。

3. 道德规范建设中的互相借鉴有利于共同提高

在这里我们假设一个前提，就是世界各国普遍认识到了道德规范建设的重要性，各个国家从调整内部社会关系、提高公众的道德素质层面，从处理国际关系层面，都将道德规范建设作为国家发展战略的一部分，都在重视和加强道德规范建设，那么，道德规范建设可以突破国家的界限，各个国家可以有很大的相互借鉴和学习的空间。首先，道德规范建设的内容可以相互借鉴。就调整社会关系，培养人的道德素养而言，许多内容是可以相通相容的，毫无借鉴、甚至完全对立的道德规范的内容并不很多，就如中国目前的道德规范建设，既可以借鉴和继承中国历史上各个时期的道德规范的内容，也可以借鉴其他国家道德规范的内容。当然，历史上道德规范的内容有糟粕，其他国家道德规范的内容与我国可能存在某些冲突和对立，这都不影响可能的借鉴。其次，道德规范建设应当遵循的原则、建设的路径与方式也可以相互借鉴，如利用信息技术等现代技术实施道德规范建设，也是可以一定程度地借鉴的。

三、平衡人们的认知状态，实现社会的和谐稳定

（一）社会的发展面临诸多矛盾和冲突

1. 改革开放的深入发展可能加剧冲突并产生新的矛盾

社会的发展进步不会一帆风顺，任何成就都是在解决矛盾和冲突中完成的，不要幻想无矛盾的发展或矛盾的自行解决，解决矛盾靠的是人们的智慧和能力，靠的是群体的参与和积极作用。如我国改革开放之初的一个时期里，有些人不理解、不适应市场经济体制的运行规律，缺乏主动积极的进取精神。改革开放进行到今天，又有些人开始心理失衡，怨天尤人等等。这些矛盾的出现是不可避免的，如何解决这些矛盾，在社会在发展中维持稳定，就是迫切需要解决的问题，解决得好就能顺利发展，解决不好就会停滞甚至动乱。

2. 解决这些矛盾和冲突既要政策调控又要加强教育

解决社会发展中的矛盾和冲突，是一项系统的社会工程，某一项单一的对策难以解决问题，其中最重要的对策，一是政策调控，一是加强教育。所谓政策调控，就是针对现实的矛盾和冲突，通过政策的干预和调整，化解矛盾，解决冲突，使问题得以及时解决。所谓加强教育，就是通过各种形式的宣传教育，使教育对象、社会公众能了解存在矛盾和冲突的原因，解决的可能性和可行性，存在问题的必然性，理解国家和社会对问题解决的努力程度，支持国家和社会所采取的对策，并积极参与问题的解决。有些矛盾和冲突因为某些制约因素的存在而暂时无法立即解决的，也能够予以理解。如果实施的教育能达到这样的效果，那么对于社会稳定、社会发展就是非常有意义的。现实实践中的这些教育有被忽略的倾向，总有些人认为可有可无，这是非常不利的。

3. 社会主义道德规范教育是教育的重要内容

前面谈到的教育的必要性应当予以充分重视，教育的内容也十分宽泛，不同时期、不同的矛盾性质决定了重点教育内容的选取。在诸多的教育内容之中，社会主义道德规范的教育应当成为不可缺少的教育内容，因为社会主义道德规范的内容被广大公众所了解、所熟悉、所践行，就会用一种宽阔的胸怀、包容的心态去对待他人、

对待社会、对待国家，所采取的对策就不会突破道德规范、法律规范的界限，就会客观、理性地面对现实，这无疑对社会的稳定、对和谐人际关系的建立产生积极的影响，对国家的发展和民族的复兴发挥正面作用。

现实社会的矛盾和冲突，大都表现为社会主体之间的利益冲突，涉及各类社会主体之间的利益得失，道德规范就是调整利益关系的行为规范，在处理个人与他人、个人与集体、个人与国家的利益关系上，能用道德上的善恶是非为标准进行评价，所采取的行为就会符合社会主义道德规范，就会有利于中华民族的伟大复兴。

（二）思想多元化是当代社会的特征

1. 思想多元化与思想解放的客观环境有关

与计划经济时期的情况相比，如今的人们思想活跃、思想解放，人们有丰富的想象，并能充分地表达自己的所思所想，这是计划经济时期所无法想象的。这是中国改革开放以来思想解放的结果，是在开放的环境中视野开阔、见多识广的结果，是国家政策宽松、意识形态领域拓展自由空间的结果，是国家的道路自信、理论自信、制度自信的展现。思想的开放使得人们的思想处于多元化状态，过去不能想、不敢想的今天能想、敢想了，过去不能说、不敢说的今天能说、敢说了，这是社会进步的体现，是人们思想解放的标志。

社会的发展进步离不开人们思想的活跃，开放、活跃的思想孕育着创新创造的基因，中华民族的伟大复兴需要这样的精神特质。

2. 思想多元化不是思想的绝对自由化

人们思想的活跃与开放是应当肯定的，但思想的多元化不等于思想的绝对自由化，在中国特色社会主义新时代的今天，中国坚持马克思主义的指导地位，坚持毛泽东思想和中国特色社会主义理论的指导，倡导正确的中国特色社会主义的价值观，肯定现代的科学理论与学说，在这样的前提之下，不能将思想的多元化理解成绝对的自由化，对什么都敢质疑，口无遮拦地发表奇谈怪论。

3. 统一思想的重要途径是加强道德规范教育

加强社会主义道德规范教育，由其教育内容所决定，本身就是对错误的道德规范、错误的人生观、价值观的否定，对反马克思主义的理论和思想的否定，对资产阶级生活方式的否定。加强社会主义道德规范教育，可以确立判断善恶是非的标准，分清什么是正确的，什么是错误的，划清行为对错的界限，不偏离正确的前进轨道。加强社会主义道德规范教育，可以提高人们的分析判断能力，自觉抵制错误思想理论和错误行为规范的影响，使其言行与马克思主义理论、毛泽东思想、邓小平理论以及新时代中国特色社会主义思想保持一致，避免自己偏离正确轨道，也避免对他人的误导。

（三）道德规范建设是凝聚思想形成合力的重要手段

1. 社会主义道德规范是被大多数人认可并践行的行为规范

社会主义道德规范自中国社会主义制度建立之日起，就成了广大人民群众认可并践行的行为规则，自其内容确立并提出之日起，更得到了人民群众的支持和拥护。之所以如此，是因为我国社会主义道德规范继承了中华民族的优秀道德传统，适应了社会主义建设和民族复兴的实践要求，代表了广大人民群众的根本利益需要，是先进的、科学的道德规范。道德规范要让广大人民群众遵守，成为人民群众的自觉行动，就必须被人民群众认可和接受，这也是衡量道德规范的科学性、人民性、广泛性、阶级性的标志。

2. 社会主义道德规范建设能够凝聚人们的共识

社会主义道德规范一经确立，被广大人民群众所认可和接受，就成了人民群众判定行为善恶是非的标准，衡量对与错的尺度，因为遵守道德规范成了人们的共识。实现中华民族伟大复兴的中国梦，人们对社会主义道德规范的共识是一种巨大的精神力量，这种精神力量用于凝聚人心，用于调动一切积极因素，一心一意搞建设、谋发展，用于维护社会稳定与和谐，用于实现民族复兴的实际行动，都是不可缺少的，那种认为道德规范可有可无的想法，是完全错误的认识。

四、继承中华民族优良传统，弘扬民族优秀品格

（一）社会主义道德规范实现了民族精神和时代精神的统一

1. 我国民族精神和时代精神的基本内涵

我国的民族精神是中华民族千百年来形成的、反映民族特质的、

为中国人民所实践和传承、直至今天仍然具有生命力的精神。在民族精神的内涵中，爱国主义是我们民族精神的核心，它贯穿中华民族历史发展的主线，是激发我们的前人团结奋斗的精神支柱。在这一核心之下，民族精神还包括团结统一、爱好和平、勤劳勇敢、自强不息等丰富内容。

时代精神是适应时代发展要求所形成的、反映民族特质和发展要求的思想观念、行为方式、价值取向、精神风貌、社会风尚的集合体。改革创新是时代精神的核心，反映了适应时代发展的最根本要求，坚持改革创新，就能适应和促进时代的发展，在发展中立于不败之地。在这一核心之下，时代精神可以综合概括为解放思想、实事求是，与时俱进、勇于创新，知难而进、一往无前，艰苦奋斗、务求实效，淡泊名利、无私奉献等内容。

以爱国主义为核心的民族精神和以改革创新为核心的时代精神又统称为中国精神。

2. 我国社会主义道德规范体现了民族精神和时代精神的基本要求

综观我国社会主义道德规范的内涵，与民族精神和时代精神相比较，可以看出内容上的诸多重合之处，也反映了其内在的密切关联。如公民基本道德规范中最先突出的是爱国守法，将爱国放在了首位，体现了民族精神的核心，其涉及的团结友善、勤俭自强等，也与团结统一、勤劳勇敢、自强不息等相重合。时代精神中的实事求是，勇于创新，一往无前，艰苦奋斗、务求实效，无私奉献等内容，也与道德规范中的勤俭自强、敬业奉献、诚实守信、奉献社会等内涵相重合或相接近。以上内容的内涵相重合或相接近，说明了社会主义道德规范与民族精神、时代精神的内在关联，遵守和践行社会主义道德规范有利于发扬民族精神和时代精神，弘扬民族精神和时代精神有利于遵守和践行社会主义道德规范。

（二）社会主义道德规范展示了中华民族优良道德传统的精华

1. 中华民族在漫长的发展中形成了优良的道德传统

中华民族是倡导和践行道德规范的民族，中国人民是讲道德、讲传统的人民，在漫长的历史发展中，形成了独具中国特色的优良道德传统。这些传统可以概括为：第一，以整体利益、国家利益、民族利益为先，当需要维护国家、民族利益的时候，毫不犹豫地放弃个人利益，强调对国家和民族的责任担当和奉献精神；第二，讲求"仁爱"，强调人际关系的和谐，主张"和为贵"；第三，追求和信奉谦虚谨慎，戒骄戒躁；第四，恪守诚信，强调表里如一；第五，在物质利益与精神需求的关系上，追求精神至上；第六，注重内在的道德修养，强调修身养性。这些优良的道德传统即便在今天，仍然具有积极的现实意义。

2. 社会主义道德规范继承了道德传统的精华

社会主义道德规范是在继承中华民族传统道德的基础上形成的，因此无论是内容的阐述还是文字的表达，都可以体现一致性、相关性。第一，关于集体主义；第二，关于诚实守信；第三，关于团结和谐、助人为乐；第四，关于勤俭自强；第五，关于自身修养；第六，关于尊老爱幼等。这些道德规范与中华民族的传统美德息息相关，在某种意义上讲，倡导社会主义道德规范，实践社会主义道德规范，本身就是对中华民族传统美德的继承和发扬。从这个意义上讲，具有鲜明时代特色的社会主义道德规范与具有悠久历史传统的道德实现了统一。

（三）社会主义道德规范适应了时代发展的要求

1. 时代发展对人们的基本要求

当代人类社会进入到了科技高度发展的信息社会，中国在取得巨大历史成就的基础上开始了中华民族伟大复兴的新征程。时代对人们的基本要求是：第一，坚持改革开放，用世界的视野审视自己的发展水平，用世界的顶级水平评价自身的发展程度，永不满足，永无止境地追求新成就；第二，坚持开拓进取，发明创新，用最新的研究成果支撑科技的进步，占领科技制高点；第三，坚持合作共赢，共同发展，共享社会发展的新成果，建立人类命运共同体；第四，继承和发扬传统文化，加强国际文化交流，促进文化的发展；第五，坚持自立自强，自力更生，将发展立足于自身努力奋斗的基础上；第六，尊重自然，敬畏自然，改善和加强生态环境保护等。

2. 社会主义道德规范体现了新时代的新要求

社会主义道德规范属于思想文化的范畴，它不可能完全涵盖当代社会发展对人们的要求，但它与社会发展的要求应当一致，坚持社会主义道德规范，必将有利于人们的综合素质的提高，培养社会发展要求的一代新人。同时，社会主义道德规范的具体内容与新时代对人们的新要求有许多相容相通之处，如勤俭自强的道德规范、敬业奉献的道德规范、明礼诚信的道德规范、团结友善的道德规范、保护环境的道德规范、尊老爱幼的道德规范等，养成这些道德规范，就能很好适应新时代的新要求。

第四节 对道德规范价值的误读及其矫正

我国实行市场经济体制，运用市场规律调节生产与销售，市场主体的收益得失由对市场的运作来决定，完全改变了计划经济时期的运作模式。对外开放既引进了资金、技术、管理规则，也使得资产阶级的价值观、人生观渗入并产生不良影响，人们对社会主义道德规范的认识和理解也产生了一定的偏差。归纳一些错误的认识，主要有以下四个方面。

一、误读之一：道德决定一切

这一观点的基本意思是指过分夸大道德的作用，似乎道德建设搞好了，人们的道德水准提高了，一切问题就都能解决了，社会自然就发展了。应当说道德规范具有重要的调整社会关系的作用，但道德规范只是社会行为规范之一，道德规范不能取代其他规范的作用，也不能忽视经济基础的决定作用。

（一）对道德的作用应准确定位

1. 社会关系的调整离不开道德规范

如前所述，道德规范是重要的社会行为规范之一，在调整社会关系、平衡人们的心理方面，其作用不可替代，其调整的范围之宽、调整的对象之广泛，都超出了其他行为规范的调整。如道德规范不仅可以调整人们的外在行为表现，还可以调整人们的内在心理活动；不仅可以调整人们的传统活动领域，还可以调整任何新产生的社会活动领域；不仅可以调整人们在公开环境下的活动，还可以调整人们的私生活领域。既然道德规范的社会作用如此重要，人们重视道德规范的建设，注重发挥道德规范的作用也就可以理解了，人们通过各类信息传递媒介和途径宣传道德规范的建设，阐述道德规范的作用，探讨道德规范建设的方法和规律，是十分正常的。

2. 道德规范不是唯一的规范

对于社会关系的调整，道德规范确实十分重要，但道德规范又不是唯一的规范，除了道德规范，还有其他不可缺少的社会行为规范，如法律规范、宗教规范、习惯规范、技术规范等。尽管道德规范调整的范围广泛，但也绝不是可以包打天下，可以无所不能，对有些社会关系而言，道德规范则无法调整，如对于人们的违法问题、犯罪问题，由于道德规范不具有强制力，仅靠说服教育对违法犯罪者毫无作用，道德规范就不能调整，此时需要的是法律规范的调整。事实说明，尽管道德规范十分重要，社会运行离不开道德规范，但道德规范仍然不能取代其他社会规范。

3. 强调道德规范的作用不等于夸大其作用

道德规范调整社会关系确实重要，不可替代，但不应任意夸大这种作用，一旦夸大这种作用，就要走向反面，反而不利于道德规范作用的发挥。夸大道德规范的作用主要表现在：对道德规范作用定位过高，似乎道德规范可以取代其他规范；对道德规范的实际作用评价过高，似乎道德规范建设搞好了，社会就一定会和谐稳定了，违法犯罪行为就消失了。这种夸大只能是一种良好的愿望，道德规范建设搞得再好，违法犯罪行为在现阶段也不会消除，只能说有适当减少的可能，因为现实的利益驱动，总有一些人铤而走险，违法犯罪，仅靠道德教育，仅有道德规范约束，是不能杜绝的。那么，为什么有人要夸大道德规范的作用呢？主要原因是没有运用马克思主义的认识论去观察和分析问题，用片面而不是全面的观点考察道德规范的作用，导致错误认识的产生。这种错误认识如不及时调整和纠正，就会产生极其不良的后果，更不利于道德规范建设本身。

（二）夸大道德规范的作用也不可取

1. 可能忽视经济基础的作用

道德规范属于思想文化的范畴，属于社会上层建筑，根据马克思主义的认识论，上层建筑要由经济基础来决定，道德规范的存在和发展，道德规范的变化和更替，道德规范的作用发挥，在某种意义上讲是由经济基础来决定的，有什么样的经济基础，就有什么样的道德规范，并制约着道德规范作用的发挥。如落后的经济基础很难有先进的道德规范，道德规范也很难发挥积极作用。当然，我们不能否认道德规范对经济基础的反作用，先进的道德规范对落后的经济基础的变革作用，但这种作用都是有限的。

2. 可能忽视法律等其他行为规范的作用

社会的和谐、稳定与发展，是多种行为规范共同作用的结果，任何一个单一的规范都不能取代其他规范的作用，如果试图尝试用一种规范取代其他规范，不可能做得到，假如真的取代了，不仅不会有利于社会的发展进步，反而会产生难以解决的社会问题，影响社会的和谐、稳定与发展。如前所述，无论是道德规范还是法律规范、宗教规范、习惯规范、技术规范等，每一种规范都有调整社会关系的功能，互相不能取代，且每一种规范都发挥出积极的作用，才能实现社会的和谐、稳定与发展。当然，我们在有了这些基本认识之后，力求实现每一种行为规范的作用的最大化，则是应当充分肯定的。

二、误读之二：市场经济不需要道德规范

（一）市场经济要遵循自身发展规律

1. 市场经济的基本规则

市场经济是指在经济运行中由市场配置资源的一种经济形式，从事各种交易活动的当事人称为市场主体，市场主体的合法经营活动受法律保护。市场经济活动要在国家的宏观调控之下进行，而不是绝对自由的经济。

市场主体在经济活动中要遵循自主性、平等性、开放性、竞争性、法治性等规则。所谓自主性，是指市场主体在市场经营活动中

有权依自己的意志，自主地进行各种经营活动，不受强制和非法干涉，当然，前提是这种经营活动合法。所谓平等性，是指市场主体的法律地位平等，平等地开展各种经营活动，平等地受到法律的保护。所谓开放性，是指市场经济活动要排除地域、行业领域等的限制，市场主体要在开放的环境中进行各种经营活动，不受非法制约和限制。所谓竞争性，是指市场主体的生产经营活动通过公平竞争来实现，其利益得失要看竞争的成败，从而激励市场主体提高效益，提高社会服务的质量。所谓法治性，是指市场经济的运行要靠法治的作用，通过法治来维护市场经济的正常运作秩序，正如人们所说，市场经济就是法治的经济。

2. 参与市场经济运作的人需要具备良好的综合素质

市场经济是人类创造的一种经济运行模式，其产生、发展、完善、规范的过程伴随着人们的认识不断提高的过程，更伴随着人们不断运用对策和方略使之合理化、规范化、系统化的过程。随着市场经济的完善和进步，对市场主体的要求也越来越高，那些低层次、低素质的市场主体将逐渐被市场所淘汰，这是市场公平竞争产生的必然后果。市场主体的作为，无论是自然人还是法人，都是通过人的表现来实现，人的综合素质和能力，决定了在市场上的成败。现实要求市场主体既要懂经济，又要懂政治；既要讲效益，又要讲道德；既要参与竞争，又要遵守法律；既要踏实肯干，又要善于经营；既要立足当下，又要前瞻未来；既要理解理论，又要付诸实践。显然，对市场主体的要求越来越高。

（二）市场经济离不开道德的调控

1. 影响市场经济运行的主要因素是人的因素

影响市场运行的要素有很多，如资源的供给因素，资源的有效运行因素，法律的完善与调控因素，行政干预的公平性因素，人们参与市场运行的自主程度和效率效益等，其中人的因素是最主要的因素。这里所说的人不是几个人，不是少数人，而是绝大多数市场主体。如果市场主体大都是高素质的人，这些人懂得市场经济规律，严格遵守法纪，肯于脚踏实地付出，预测市场发展趋势，并能发现和抑制市场运行的负面因素，对于市场经济沿着正确的轨道发展就会发挥实质性作用。反之，如果市场主体不懂市场规律，盲目参与，违法乱纪，以强欺弱，坑蒙拐骗，则市场就会偏离正常轨道，难以健康发展。而人的因素中，道德因素是最基本的因素之一。

2. 市场经济按照规则运行，道德规范也是规则之一

大家知道，市场经济是讲规则的，市场经济的正常运行是靠规则来制约、维系的，一旦没有了规则，市场就会陷入杂乱无章的局面。谈到规则，人们马上就会想到法律规范，毫无疑问，法律规范是维护市场运行的重要规范，但除了法律规范，道德规范对市场的运行同样不可或缺。诚实信用是重要的道德规范，市场上的诚实信用又非常重要，信用良好的市场主体才会站得住脚跟，立于不败之地。团结互助是重要的道德规范，市场主体间的团结互助同样重要，某一市场主体遭遇困难，其他主体能鼎力相助，帮助其渡过难关，就会形成良好的和睦的关系，维系市场的良性运转。其他道德规范如勤俭自强、敬业奉献、保护环境、遵纪守法等均为市场经济所需要，遵守这些规范，有利于市场经济的健康发展。市场经济的规范应当包括道德规范。

（三）加强道德规范建设，保证市场经济的正确发展方向

1. 市场经济越发展，越需要加强道德规范建设

市场经济发展过程中，曾经有人认为市场经济是竞争的经济，是为追逐利益而拼搏的经济，市场不需要道德，讲道德就不要进入市场；或者认为，市场经济中讲道德的人无法适应市场竞争，将被市场所淘汰。这是对市场经济的误读，对市场经济中道德作用的误读。随着市场经济的深入发展，不仅离不开道德的调节，还应大力倡导社会主义道德，发挥道德的积极作用。有人说，市场竞争就要不择手段，讲道德如何竞争？我们说，越是竞争越要讲道德，讲了道德才能实现公平合理的竞争，才能使竞争有序进行。

2. 道德的调控可以矫正过失，匡正市场经济的发展方向

市场经济的发展要在解决各种矛盾和冲突中实现，我国市场经济体制建立之后的一个时期，曾出现投机取巧、欺行霸市的情况，一些市场主体奉行拜金主义、享乐主义、极端个人主义。某些问题的存在并不是法律规范所能解决的，道德规范的建设更加重要，我

们高兴地看到，随着市场经济的规范化进程，这些问题正逐步得到解决，情况正在向好的方向发展，其中道德规范的作用越来越明显，也有利于受到人们的重视。当道德规范的作用越来越突出时，市场经济的规范化程度就会越来越提高。

三、误读之三：传统道德规范的过时与失效

（一）过时论的实质是否定传统道德

1. 过时论的基本观点

中国社会主义道德规范，蕴含着丰富的优良传统道德，中国传统道德的内容之丰富，对人们的影响之大，延续之源远流长，是世界上许多国家所不可比拟的。但仍然有人试图完全否定传统道德，其基本观点之一就是认为传统道德已经过时，对传统道德应当摈弃和否定。支持这种观点的人认为：当今世界已经进入信息时代，现代化社会需要思想观念的更新，需要变革传统的思想文化，其中包括传统道德，进而构建与现代化社会相一致的思想文化；中国封建社会延续时间如此之长，社会变革如此之慢，以致近代的积贫积弱，沦为半封建、半殖民地国家，重要原因是传统道德，尤其是封建道德对人们思想束缚的结果，在传统道德影响之下，人们不思进取，抵制变革，安于现状，甚至苟且偷安；社会行为规范的作用主要是法律规范的作用，再附之宗教规范就完全可以了，道德规范本来就可有可无等。

2. 过时论的产生原因

否定传统道德的作用，有着深刻的社会背景和现实的原因。首先，在当代中国社会，有一种社会思潮，被称之为历史虚无主义，这种思潮完全否定中国的传统文化，否定中国人民奋进抗争的历史，否定近现代中国人民反帝反封建取得的历史成就，否定马克思主义指导中国革命和建设的巨大作用。有人曾将其归纳为历史事实的虚无、历史价值的虚无等[15]。将这种历史虚无主义运用于对中国传统道德的评价，必然得出否定的结论。其次，那些试图否定中国社会主义制度，试图改变中国社会主义道路的人，必然从思想文化入手，前溯社会主义道德规范的渊源，通过否定中国的传统道德否定社会主义道德规范的建设。再次，有些人对道德的作用存在着天然的反

感，甚至结合中国市场经济的实际，认为道德规范问题本来就是虚的无价值的问题，只能讲给那些无能的、老实的人，在利益驱动面前，道德显得苍白无力等。最后，诋毁、丑化、篡改中华民族光辉灿烂的历史，这是西方大国文化帝国主义政策的重要内容和具体表现，我们对此决不可掉以轻心[16]。

3. 过时论的主要危害

首先，中国传统道德是中国历史文化的重要组成部分，否定中国的传统道德实质上就是对中国传统文化的否定，进而否定中华民族的悠久历史。中华民族的悠久历史由世世代代的中国人民所写就，是能够体现各种成就的辉煌历史，也为世界人民所敬仰，某些现代化的发达国家，对中国历史也只能望洋兴叹，不能企及。如果我们自己也否定自己的历史，无异于放弃了宝贵的精神财富。其次，对传统道德的否定，在某种意义上是对中国社会主义道德规范的否定，是对道德功能的否定。有研究者曾认为：表达对现实的不满可能采取的态度之一就是批评和责难过去[17]。对我国社会主义道德规范，无论是狭义理解还是广义理解，都是对中国传统道德的合理继承，许多内容就是传统道德的优秀部分，只是赋予其新的时代内涵而已。再次，中国传统道德蕴含着巨大的精神力量，无论是当下还是未来，都可以转化为巨大的物质力量，如在中华民族伟大复兴的历史进程中，中国传统道德仍然可以发挥出应有的精神力量的作用。

（二）正确评价传统道德

1. 传统道德的优与劣

中国的传统道德是中国悠久历史文化的重要组成部分，继承中国传统道德是进入现代化的中国人民的历史责任，而对于中国传统道德，应当用马克思主义的辩证唯物主义和历史唯物主义理论，进行辩证的、历史的分析，凝聚出精华，为现实所用，发挥出积极价值，对于丧失时代价值的那些糟粕性的道德，应当批判、摈弃。属于优秀的传统道德，如重视群体利益，以国家、民族利益为先；强调仁爱，以宽厚之心待人；强调"和为贵"，注重人与人、人与社会、人与自然的和谐；倡导自强不息、知行合一，勇于进取、开拓创新；重视个人的道德修养等，这些传统道德内涵丰富，实践意义强，在历史发展中曾经发挥过积极作用，今天的现代化建设同样具有积极意义，应当继承和发扬。属于糟粕性的传统道德，如"三从四德""男尊女卑"，明显贬损妇女的地位，降低妇女的人格；"三纲五常"明显强调盲目无原则的服从，丧失自我意识，降低人们的主观能动性的发挥等，这些传统道德在历史上就是不健康的、不公平的、腐朽的道德，与今天的社会现实和人们的评价认知格格不入，也不会有任何市场，必须彻底摈弃。

2. 传统道德的得与失

对于优秀的传统道德而言，我们今天的态度不仅仅是肯定与否定的问题，更涉及中华民族的优秀传统文化能否继承和发扬，能否发挥文化的应有功能，促进中华民族伟大复兴的问题，继承这些优秀的传统道德就会产生积极的作用，否定这些传统道德就会造成无法弥补的损失。这里主要涉及两个问题，一是对于中国传统道德、传统文化延续与发展的得与失的问题，二是对中华民族伟大复兴的历史任务的得与失的问题。继承得好，就会获得许多，继承得不好，就会失去很多。如果意识不到这样的问题，认为是可有可无，甚至全盘否定，就会犯严重的历史性错误。

（三）优秀的传统道德在今天无处不在

1. 社会主义道德规范包含优秀的传统道德

我国社会主义道德以集体主义作为基本原则，还坚持人道主义原则、社会公正原则、诚信原则等[18]，社会主义道德的具体规范有公民基本道德规范和三大生活领域的道德规范，这些道德原则和具体的道德规范与中国优秀传统道德相比较，可以认为，现实的社会主义道德与优秀传统道德有密切的内在联系，存在着历史发展过程的延续，某些文字表述也相同或接近，体现了社会主义道德对传统道德的继承和发扬。

2. 其他行为规范蕴含中华传统道德

不仅现实的社会主义道德规范和要求与传统道德有密切关联，而且其他行为规范中也体现了中华传统道德。如前所述，《民法总则》是我国的重要法律规范，诚实守信是我国的传统道德中的重要内容，《民法总则》中就充分吸收了这一传统的道德规范，《民法总则》第七条规定："民事主体从事民事活动，应当遵循诚信原则，秉持诚实，恪守承诺。"第八条规定："民事主体从事民事活动，不得违反法律，不得违背公序良俗。"这是以法律规范的形式对传统道德的肯定。

3. 在继承中发展和创新

对于中华民族的优良道德传统的继承，不是照搬照抄，不是简单的模仿，不是沉湎于传统的道德海洋中自满自足、不思进取，而是要适应新时代的新要求，求发展，求创新。首先，对于传统道德要赋予时代的新内涵，发挥积极的现实作用。如自强不息的道德传统，原本含义是要求人们确立人生的目标，自觉地努力向上，一直坚持下去，永不松懈，永不停息。在新的历史时期，自强不息要求人们在社会主义核心价值观的引导下，不懈地开拓进取，坚持改革，勇于创新，永不懈怠地自立自强，创造一个又一个新业绩。其次，结合现实时代的新要求，创立新的道德规范。如在法治国家、法治社会，要求人们树立严格的法律意识，遵守规章制度，因而产生了遵纪守法的道德规范；在社会主义新时期，我国《宪法》确立了爱祖国、爱人民、爱劳动、爱科学、爱社会主义的公德。这些道德规范与时代的发展紧密结合，体现了时代特征，也是道德规范的创新。再次，随着科学技术的发展，一些新的社会领域不断出现，需要确立新的社会生活领域的行为规范，道德规范则是其中的重要规范之一。如随着网络领域的出现，网络道德引起了人们的重视，网络道德规范随之产生，网络自主原则、平等原则、兼容原则、互惠原则、无害原则等成为人们倡导和遵循的网络道德规范。

四、误读之四：道德高尚者大都是弱者

（一）讲道德的主体

1. 道德的倡导者

历史上任何一个国家、一个阶级、一个群体都会提出和倡导代表自己利益的道德，从阶级的视角来看，统治阶级要倡导自己的道德，被统治阶级也要倡导自己的道德。因为道德作为阶级斗争的工具，是本阶级、本群体所需要的规范，可以为本阶级提供有效的服务。在现代社会，一个国家、一个阶级倡导的道德规范，往往与所

倡导的人生观、价值观密切关联，成为维系整体团结、凝聚团队力量、实现奋斗目标的重要环节。我国当下的社会主义道德规范与社会主义核心价值观的内在关联，形成了思想和意识形态领域的主流思想价值，对于培养社会主义的一代新人，对于实现中华民族的伟大复兴，具有十分重要的意义。

2. 道德的遵守者

当今的每一个人，都有自己的国家归属、阶级归属、群体归属，都是道德倡导者所涵盖的对象之一，都有自己所应遵守的道德规范。我国社会主义道德规范具体表现为所有公民都应当遵守的行为准则，遵守这些道德规范，对于社会和谐、稳定与发展，对于实现国家发展的战略目标，都具有十分重要的意义。如果不遵守这些道德规范，就要出现完全相反的局面，影响国家的建设和发展。目前，中国人民中的绝大多数都认可这些规范，自觉遵守和践行这些规范，说明这些规范不仅适应国家的要求，还适应了人民群众的需求，这些规范衍生的精神力量在国家建设与发展中会凝聚成巨大动力。

3. "讲道德的人不可能成为强者"

现实中对道德问题误读的另一种观点：就是从道德遵守者的群体来看，那些积极响应道德倡导者的主张，追求道德高尚，时时处处讲道德，谨小慎微遵从道德规范，这样的人大都是没有大本事的人，也不会成就大事业。其根据主要基于两点：一是市场经济是严峻的竞争的经济体制，竞争与谦让、和谐背道而驰，在竞争的环境下，遵守道德规范，主张谦让与和谐，注定要在竞争中败下阵来，成为竞争的失败者，绝不可能成功；二是市场经济环境下，主张个人才能的充分发挥，个体能力的充分展示，倡导个人奋斗，此种状态与道德规范中要求的团结互助、集体主义背道而驰，如果遵守道德规范，就要放弃个人奋斗，放弃发挥个人能力，也就要一事无成，更不可能成为强者。这种将社会主义道德规范与社会主义市场经济对立起来的认识违反了马克思主义的认识论，是片面和错误的，将市场经济环境下的成功者与遵守道德规范对立起来是错误的，从我国市场经济的实践发展过程来看，有许多成功者、竞争中的强者仍然展现了高尚的道德品质，是践行社会主义道德规范的典范。

（二）真正的强者应是道德楷模

1. 讲道德才能进入强者行列

对于市场经济的强者、成功者的评判标准是什么？难道仅仅是其竞争能力、专业水平，仅仅是竞争的成功吗？就如对人的评价的一般标准一样，市场经济的强者、成功者也应当既具有较高专业能力、竞争能力，又要有良好的思想道德素质、政治素质，既要成为竞争的胜利者，又要成为做人的楷模。只有这样的人参与市场竞争，才能立于不败之地。随着市场经济的进一步完善，这一特征会更加彰显出来。应当承认，有些道德素养不高的人在市场竞争中也有成功者，但这些人在成功之后大都忘乎所以，追求拜金主义、享乐主义、极端个人主义，从成功又走向了失败。从另一角度来讲，在市场经济逐步完善之后，那些综合素质有欠缺的人，如道德素质低下者也很难在市场竞争中获得成功。

2. 讲道德才能维持强者地位

一个成功者要有自己的奋斗历程，要有主客观因素的综合作用，但成功者能否保持成功的成果并继续发展壮大，长期立于不败之地，是十分不易的。一个真正的成功者，不是仅有一时的成功，而后很快就败落，而是能维持成功的成果并发展壮大。成功是不易的，维持并发展下去更不易。一个能长期立于不败之地的人才称得上真正的成功。由拼搏到成功，再由成功走向衰败的人不是真正的成功。总结那些能维持成功成果并进一步发展强大的人，大都是综合素质极高的人，其中包括了良好的思想道德素质。讲道德才能使强者更强，事业更伟大，这是被许多案例证明的事实。

3. 道德的坚守者本身就是强者

判定一个人的人生是否成功，不仅要看在市场竞争中的成败与否，一个人的人生价值的实现有确定的评价标准，市场竞争的成败与否不是唯一的评价标准。如果一个人的工作默默无闻，但他能坚守岗位，履行职责，做好应该做的事情，就不能认为他失败。不管人们从事什么工作，其经济实力如何，政治地位如何，都有自己存在的价值，都可以为社会的发展贡献力量。一个普通人从事普通的工作，能坚守道德规范，实践道德规范，尽其所能服务社会，抵御各种诱惑与挑战，坚守自己的信仰不动摇，仍然是可尊敬的，仍然是一个强者，仍然可以成为他人学习的榜样。那些靠不正当手段在竞争中获胜的人，可能看似暂时的成功者，实际上却是失败者，没有值得肯定之处。

第三章　重视和加强对青少年的道德规范建设

加强道德规范建设，是青少年教育的重点，青少年道德规范教育的成功或失败，可以标志整个社会道德教育的成败。切实加强青少年道德规范教育，是社会的共识，把青少年道德教育落到实处，是整个社会的责任。

第一节　对青少年道德规范教育的重要意义

一、从青少年的身心发育来看

（一）青少年身心发育渐趋成熟

1. 遵循青少年身心发育的规律

青少年阶段的时间跨度较长，从儿童进入少年，再进入青年阶段，无论是从身体还是从心理的角度来看，都是从稚嫩到成年，从幼稚到成熟，从对他人、社会的无知到有知，从知之不多到知之甚多的过程。青少年的成长过程会打上深刻的时代烙印，不同的时代环境和生活状况，会使青少年产生不同的心态，在处理与他人、与社会的关系时，产生不同的认知，采取不同的应对手段。如果用前一辈人的视角和认知状态评价现代青少年，就会出现许多冲突，导致互不理解：年纪大的人可能认为当今的青少年身在福中不知福，缺少吃苦耐劳的精神，过于看重物质利益等；青少年可能认为上年纪的人保守落后，容易满足，不思进取。无论如何，理解当代青少年的成长环境，对其采取包容的态度是很重要的。

2. 青少年的理解和接受能力有一个渐进过程

青少年对社会的理解和认知有一个不断变化的过程，往往正确与错误交叉，是与非并存，对青少年提出要求，加强教育，要求青少年的认知和行为完全符合要求，没有瑕疵，达到理想化的状态几乎是不可能的。青少年对社会的认知有一个渐进过程，其中不排除有些不准确的甚至是错误的认知，其行为也可能有一些偏差或脱轨，这是很正常的现象，这也恰好说明了引导教育的重要性。从青少年认知变化的过程来看，对青少年的教育应当是一个长期、耐心、反复的教育过程，不会一蹴而就，不可能轻而易举。正因为如此，我们国家对青少年的教育形成了常抓不懈的机制，包括制度层面、队伍建设层面、教育内容层面、教育的方式与途径层面等。

（二）青少年思想道德素质的可塑性

1. 思想不成熟预示较强的可塑性

青少年在其特定的成长时期，其世界观、人生观、价值观尚未形成，处于可变化的过程中，也就是我们常常讲的可塑性强，教育引导得好，他们就会沿着正确的方向发展，不进行教育引导或教育引导得不好，就可能误入歧途，这也恰好说明了加强对青少年引导教育的重要性。对青少年的引导教育，既不能放弃或轻视，也不能靠严看严管、限制或封闭来解决；既不能指望简单的一次性的教育就能解决问题，也不能超出其接受的能力而强行灌输；既要允许出现反复，也要坚持常抓不懈。总之，对青少年的引导教育是一项系统工程，要有统筹兼顾的应对办法。

2. 遵循规律循序渐进是正确选择

对青少年的引导教育中，应当遵守的一项重要原则就是遵循规律，循序渐进，要根据青少年的思想特点和成长规律，适度地进行教育。超出青少年的理解和接受能力，提前进行高强度的教育，难以被接受，不能收到预期效果；停止教育，等待其成熟后再教育，也是不负责任的，放弃教育的期间就可能使其受到其他方面的负面教育。青少年的思想变化和成熟过程是一个动态的过程，其间要不间断地进行适度的教育，才可能收到良好的效果。在什么阶段，有什么样的接受能力，就进行什么内容和方式的教育，应有教育者的科学规划。

二、从青少年担负的历史使命来看

（一）世界的未来属于青少年

1. 自然规律决定了世界的未来归属

人类社会的发展有一个遵循自然规律的必然规则，无论是政治、经济、文化，还是军事、科技、风俗，都有一代一代传承的问题，某一代人的历史使命完成之后，必然要由下一代人来接班，无论上一代人对下一代人的评价如何，肯定还是否定，寄希望还是很失望，认可还是不认可，都不以自己的意志为转移。未来属于青少年，未来的责任要由他们来担当。既然如此，上一代人若想使自己的事业有人继承，自己的意志有人延续，就必须重视和加强对青少年、对下一代的引导教育。一旦引导教育不到位，被不良影响乘机而入，就可能造成难以弥补的不良后果。

2. 寄希望于青少年就要落实到行动

一个国家、一个民族的未来属于青少年，是否能实现民族复兴和国家的兴旺发达，要由青少年来决定。关心爱护青少年，使之德智体美全面发展，成为社会主义事业的建设者和接班人，引导教育工作应当从现在开始，还要有很强的紧迫感、责任感，不能迟疑，不能犹豫，不能等待，应当立即承担起责任。根本问题是怎么做、怎样落实于行动的问题，正如马克思所说：一步实际行动比一打纲领更重要。怎样付诸于行动？应当制定切实可行的规划，将对青少年的教育进行科学系统的安排；应当针对青少年的特点，确定科学的教育内容和教育方式，实现设定的教育效果；应当选拔能力强、责任感强的人从事青少年的教育工作，建立良性运行的管理与教育队伍，加大人财物的投入，保证各种条件的完善等。

（二）青少年的使命感、责任感决定未来

1. 有什么样的青少年就有什么样的未来

青少年代表未来，有什么样的青少年就有什么样的未来。至于青少年能否继承上一代人的事业，能否担当重任，需要进行客观的评价。对青少年的评价，要放到特定的历史时期，不同的历史时期、不同的成长经历与环境，决定每一代人都有自身特点，如经历我国经济发展困难时期的人和在改革开放中逐步富裕起来的时期成长起

来的人，对社会的认知、对自身责任的认知肯定会有不同，不应坚持一个评价标准。如果一定要坚持一个评价标准，就难以实现客观和公正，因此上一代人对下一代人的评价要突破历史局限性，用新时代的新标准。对青少年的评价要依据未来时代的发展要求，用超前的视野审视这一代人面临的历史责任，做出科学的判断和引导。对青少年的要求不要十全十美，每一代人都有自己的特点，都可能存在不足，正确的做法是发扬优势，弥补不足。对青少年的教育要有足够的耐心，允许有不同的认识，允许有反复，坚持常抓不懈。

2. 中华民族的伟大复兴依赖于青少年

中国近代的发展史，就是中华民族复兴的历史，当下的进程是在此前数代人的努力下取得的，中华民族伟大复兴的历史过程中，需要一代一代人的不懈努力才能完成。如实现"两个一百年"的奋斗目标，就需要下一代人的奋斗。对此，当代人或者这一代人必须有清醒的认识，不管你有怎样大的雄心壮志，不管你怎样为之拼搏不息，终要退出历史舞台，终要有人来接替你的事业。不管你对下一代是怎样的看法和评价，不管你是否担心下一代能否担当重任，下一代来接班是不可改变的事实。因此，培养好接班人是十分紧迫的任务。

3. 加强使命感、责任感教育是当务之急

既然当代青少年要担当重任，既然自然规律不能抗拒，做好青少年的培养教育工作就要从现在做起，扎扎实实，力求实效。对青少年的培养教育，既包括专业素质和能力，也包括思想道德和政治理论培养，要德智体美全面发展，不能顾此失彼，片面追求单项教育。从当前教育的实际情况来看，加强青少年的使命感、责任感教育是重中之重。一方面，青少年使命感和责任感既决定青少年自身价值的实现，也影响到这一代人的群体责任的担当，这一代人有了实现民族复兴的使命感和责任感，实现民族复兴就会大有希望。反之，如果一代人缺乏或丧失民族复兴的使命感和责任感，民族复兴就很难实现。另一方面，当前对青少年的教育中，存在着片面的、重视文化课学习，轻视思想道德教育的倾向，各层次学校追求升学率、以升学率定成败的现象较普遍存在，将升学率作为衡量学校质量的唯一尺度。不能说升学率不重要，但过重强调升学率，全面素质教育就要被削弱或淡化，这是应当引起高度重视的问题。

三、从国际环境的现实要求来看

（一）与敌对势力的斗争将长期存在

1. 敌对势力对中国的遏制与围堵是长期战略

一段时间以来，中美之间在台湾问题、南海问题上的争议与摩擦不断，美国通过国内立法，鼓励和支持"台独"，干涉中国内政，在南海以航行自由为由，干预中国对南海行使主权。澳大利亚、日本、英国、法国等国家与美国遥相呼应，密切配合，共同构成对中国的干扰。这并不是简单的个别事件，而是以美国为首的西方国家对中国进行战略围堵、遏制中国发展的长期战略的一部分。这些问题将延续下去，意识形态领域的斗争还会长期存在，不以人们的意志为转移[19]，中国人民应当有清醒认识并采取对应措施。中国改革开放以来，与西方国家的经济交往日趋增加，与此同时，政治与文化、价值观的渗透也明显增强，一些人过重看到经济交往的重要性，过于满足经济交往的成就，忽略了文化与价值观的冲突与矛盾，更淡化了西方敌对势力与中国交恶和对立的可能，若不及时纠正这种认识，会产生难以预料的后果。经济与政治难以截然分开，同时经济与政治又是性质不同的问题，不能完全混同，以经济取代一切是错误的，对敌对势力抱有幻想和美好的期待是十分幼稚的。保持清醒的头脑，既开放交往又严肃斗争以及既友好相处又保持足够的警惕是必须坚持的。

2. 敌对势力仍很强大

我们希望世界美好，希望不同的社会制度和谐共存，希望各国人民友好相处，这种良好的愿望却难以在现实中实现。敌对势力遏制与颠覆的企图将长期存在下去，不会在近期得到根本改变。尤其应当注意到，敌对势力不仅存在，而且力量仍很强大。主要表现为敌对势力的经济基础和科技优势明显，以科学技术为支撑的军事力量十分强大，西方国家长期形成的联盟关系难以解体，在共同遏制中国发展方面经常能取得一致。这些因素说明，中国面对的敌对势力不仅不能在短期消除，而且将长期存在下去，中国曾经的发展不易，中国未来的发展更不易，既然中国不能停止发展的脚步，就要在破解难题中艰难前行。

3. 粉碎敌对势力的企图是一项长期任务

中国的发展无论是面对外部敌对势力的遏制还是解决内部发展中的矛盾，现实非常清楚地说明不可能一帆风顺，从应对外部敌对势力的遏制来看，尽管国际关系复杂多变，需要处理的事情千头万绪，但最重要的仍然是如下两个问题。第一，坚定不移地坚持以经济建设为中心，继续加快经济的发展和综合国力的提升，通过科学技术的创新提升军事实力，完善和发挥社会主义制度的优越性。在世界的竞争中，综合实力是最重要的竞争，以实力反遏制，以强大的军事力量反讹诈和威胁，是最重要的选择。当中国的经济在围堵中稳步发展，当中国的军力在封锁中强大到足以令敌对势力胆寒，当中国的制度优势得到充分发挥，才能在根本上粉碎敌对势力的企图。第二，同第三世界广大发展中国家建立广泛的联盟，互相援助，互相支持，发挥群体力量，共同抑制敌对势力的企图。

（二）斗争的重点是争夺青少年

1. 现实的斗争方式多种多样

敌对势力与中国的斗争，最终可能有两种结果：或者中国放弃社会主义制度，在政治制度、价值观、意识形态等方面，全盘接受西方的东西，加入西方的阵营；或者中国强大到以绝对优势领先西方，使之承认失败并完全放弃对中国的敌视。目前看来，让中国放弃社会主义制度显然是不可能的，中国也未强大到让西方承认失败，中国与敌对势力的斗争还要延续下去。西方对中国的渗透与斗争是多渠道、多途径的，如利用中国的改革开放在意识形态、价值观、政治制度等方面，加强对中国的渗透与影响，利用现代信息交流平台宣扬自己的主张，利用国际交流与合作对中方人员施加控制和影响等，试图有朝一日也要在中国实现"颜色革命"。面对这一场严肃的斗争，中国人民必须有清醒的认识，保持足够的警惕，沉着应对，坚定斗争，全面回击。

2. 争夺青少年的和平演变是斗争的重点

在与敌对势力的斗争中，敌对势力以青少年为争夺对象，加大力度对青少年施加影响，试图通过青少年的接受和改变，使中国"改变颜色"，实现"和平演变"的构想。与敌对势力的斗争，直接表现为争夺青少年的斗争。依青少年自身的特点，在身心发育由不成熟到成熟的过程中，接受了什么，认可了什么，可能影响其一生，施加对青少年的影响和教育，其作用利在千秋。

　　同时，青少年依自然规律必然要承接上一代人的事业，能不能接好班，是继承上一代人的事业还是断送上一代人的事业，都将由接班人来决定，因此可以认为，谁赢得了青少年谁就赢得了未来，谁想把自己的事业传承下去，谁就要抓紧做好下一代人的培养教育工作。

第二节　坚持对青少年道德规范教育的层次递进

一、加强思想道德教育是青少年教育的重点

（一）对青少年的教育是一种综合素质教育

1. 民族复兴需要高素质的人才

　　民族复兴要体现出政治上的公平公正高效率，要体现积极的崛起和基础实力的增强，要体现出文化的先进性和大众性，要体现军事与科技的强大和领先性，要成为影响世界发展进程的大国和强国。这样的国家最需要的是高素质、高水平的人才，有人才做保证，民族复兴才可能实现。目前世界各国的竞争，集中表现为人才的竞争，培养和吸引人才，是实现成功的基本环节。在这一过程中，既要重视培养，也要重视发挥人才的作用，通过合理机制，使人才的潜能和作用充分展示出来。也就是说，在重视培养的同时，也要重视发挥作用，这样的机制形成以后，才能留住人才。

2. 对青少年的教育应当重视综合素质的培养

　　如前所述，对青少年的教育应是全面的教育和综合素质的提升，现代社会的高水平人才绝不仅仅表现在某一方面的优势和特长，而是综合素质的提高。如果一个人的专业能力很强，技术创新能力很强，其发明创造可以为国家做出很大贡献，但如果他在金钱面前经

不住考验，其高技术高价卖给其他国家，或者泄漏给其他敌对国家，给国家利益造成无法弥补的重大损失，这样的高技术人才并不是国家需要的。如果有高技术，业务能力强，同时又有强烈的爱国主义精神，有民族自尊心和责任感，以国家和民族利益为重，不为金钱和个人利益所动，就不会出卖国家和民族利益。可见一个人的综合素质的重要。

（二）加强思想道德教育是重中之重

1. 思想道德决定青少年做什么人、走什么路

对青少年的综合素质教育，所有相关的教育都很重要，综合素质中的任何一类素质都不能偏废，不能忽视，其中最重要的素质是思想道德素质。因为思想道德素质决定一个人的生存目的和存在价值，涉及为什么生存、为谁生存、怎样生存的问题，代表着一个人的世界观、人生观、价值观。这些对于人的行为具有支配和决定的作用，在正确的人生观价值观的支配之下，就不会偏离正确的轨道，不会做出危害国家和人民的事情。如果忽略思想道德教育，青少年在思想道德方面出现问题，哪怕其专业能力再强，也不是国家所需要的。

曾经有人对思想道德教育存在偏见，认为可有可无，一些青少年也不重视思想道德素质的提高，认为没有用。可是许多事实说明，一个人的思想道德对一个人的一生具有统领的作用，凡有大作为者，其思想道德应是高尚的。

2. 青少年的政治选择决定中国社会的未来走向

中国在政治上坚持中国特色社会主义制度，坚定不移地走中国特色社会主义道路，确立中国特色社会主义理论的指导，在实践探索中将社会主义的公平公正和高效率充分发挥出来，使中国的建设和发展成就辉煌，其特色与西方资本主义形成鲜明对比。但西方国家推销自己的政治制度和价值观念的行为从未停止，政治制度之争一直存在，其博弈和挑战还不能立见分晓，还将持续下去。青少年如何看待这种政治制度之争，能否认定和坚持中国特色社会主义制度，则是重大的原则问题。应当注重这方面的教育，使青少年真正认识到只有社会主义能救中国，只有社会主义能发展中国，坚持社会主义制度和社会主义道路是唯一选择，是实现中华民族伟大复兴的根本制度保证。

二、科学对待不同年龄段青少年的理解和接受差异

（一）青少年的理解和接受能力随着年龄的增加而增强

1. 青少年对社会的认知有一个发展过程

青少年在成长过程中，自我认识、对周围环境的认识、对整个社会的认识有一个渐进的过程，对这一过程的科学把握和适度教育，是衡量国家与社会教育能力的重要尺度。遵循教育规律，就不能操之过急，如果超出青少年的接受能力，就会欲速则不达，很难收到实际效果。也不能滞后教育，如果当教育而不教育，就会错过最佳教育期，一旦正面的教育有所疏漏，负面的教育就会乘虚而入，使正面教育受到抑制。因此，对青少年教育的恰如其分、教育得当并非易事，我们说教育是一门科学，也正因如此。

2. 由不成熟到成熟的过程需要内外因素的共同作用

对青少年成长过程施加正面影响，有一个遵循教育规律的问题，但对年龄相同或相近的青少年群体同时进行的教育，青少年的接受效果亦有不同，有的接受得好些，有的接受得差些，这跟青少年自身个体的差异有关系。首先，不能因为接受个体的差别而影响教育的实施，无论如何，教育都要常抓不懈。其次，应根据教育个体的差异，有针对性地实施教育，力求使教育的影响力达到最大限度。根据人的内因与外因相互作用的原理，促使青少年的内因发生转化，从内心深处认可和接受教育的内容最为重要，针对性的教育尤为重要。

（二）思想道德教育的实施要遵循科学规律

1. 通过外因的努力促进内因的变化

思想道德教育是对青少年教育的内容之一，由于思想道德对一个人的成长成才具有指导和引领的作用，其教育显得尤为重要。根据内外因关系的原理，思想道德教育不应满足于教育内容的确立和实施、教育途径和方式的科学合理、教育队伍的强大和物质条件的充裕，而要以青少年实际接受的程度来检验。使青少年从内心认可和接受并身体力行，应是教育追求的目标。实际过程的检验，不仅

要看是否实施了教育，青少年是否口头认可教育，而是要看他们是否从内心接受，检验内心接受的程度，要看他们的实际表现，这些实际表现不是装出来的，而是真正反映其内在的心理素质。

2. 教育要从青少年的实际情况出发

为使思想道德素质教育真正被青少年所接受，要看他们想些什么，实际需要什么，我们的教育就要提供些什么。如果与此相反，思想道德教育与青少年关心的问题不搭界，与青少年的成长成才离得远，实施思想道德教育就很难引起他们的重视，如果他们将自身的成长成才与接受的思想道德教育对立起来，就很难收到应有的教育效果。如果青少年认识到接受思想道德教育有利于促进其成长成才，就可能收到事半功倍的效果。

对青少年普遍教育的基础上，还要根据个别对象的个别情况，有区别地实施教育。如有的孩子因家庭生活困难产生的自卑心理，有的孩子因父母误入歧途而产生的自暴自弃心理等，个别进行思想道德教育，使其正确对待自身家庭环境，增强奋进向上的信心，就有利于接受其他的各种教育。

三、坚持教育的由浅入深，分层次递进

（一）不同阶段的教育差别

1. 青少年经历的教育阶段划分

青少年经历的教育阶段大致可以分为四个阶段。

小学阶段，年龄在 7—13 岁；

初中阶段，年龄在 13—16 岁；

高中阶段，年龄在 16—19 岁；

大学阶段，年龄在 19—23 岁。

依照年满 18 周岁为成年来计算，大学阶段已步入成年，但从年龄来看，从大学生尚未独立生活，还需要父母资助来看，从大学生尚未开始社会工作来看，将大学生计入青少年时代的末端来评价是适度的。

2. 不同教育阶段的接受能力的差异

按照上述划分，青少年成长过程中的这四个阶段，其身心发育程度差异很大，其对社会的认知程度、对问题的理解和接受程度，

都有很大的不同。以对待小学生的态度来对待大学生是根本不行的，反之，以对待大学生的态度对待小学生更是不行。显然，小学生对知识、文化的理解程度、对客观环境的认知程度非常有限，对小学生的教育应当是简单的、浅显的、感知性的教育。随着学历层次的提高，教育就有一个由简单到复杂、由浅显到深入、由感性到理性的过程。到了大学阶段，学生的理解和认知程度接近于成熟，此时的教育，无论是教育内容还是教育的方式与途径，都应当达到较高的层次。

（二）同一阶段中不同年龄段的教育差别

1. 同一教育阶段的接受能力仍有较大差异

青少年的成长是一个渐进的过程，即便是在同一教育阶段，青少年的理解和接受能力仍有很大区别。如小学一年级和二年级的差别可能不太明显，但小学一年级和六年级的差别就很大了；大学一年级和二年级的差别可能不大，但大学一年级和大学四年级的差别就大了。因此对于处于同一阶段的青少年，实施思想道德教育仍然要根据对象的不同，确定不同的教育内容，采取不同的教育方式，有差别地进行教育。对于实施教育的主体，无论是学校还是专门的教育工作者，研究教育对象的差别，研究实施教育的差别，都是一项艰巨的任务。

2. 同一阶段的教育衔接的优势

对处于同一阶段的教育对象实施有差别的教育，有一明显的优势，就是实施教育的主体是同一主体，这样的主体在履行教育职责时，可以进行系统的、全面的、细致的规划，并直接组织实施。这种衔接教育能够落到实处，收到预想的教育效果。如确定不同年级的思想道德教育的内容，落实责任人员，将教育落实到位；及时进行信息反馈，总结教育的实效，及时调整教育方案，完善教育的体系，实现教育的改进和提升。这一过程中的责任方是同一所学校，学校如何认识和实施，如何加强和改进，如何总结经验和教训，涉及学校对人才培养的认识，对履行职责的认识，有关职能部门应当进行评估和督导，增强学校的主动性和积极性。

四、坚持教育的潜移默化，耐心细致

（一）显性教育与隐性教育的结合

1. 显性教育与隐性教育各有优势

显性教育是公开表明教育的性质、教育的内容、教育的方式等教育要素，直言不讳地表明教育的服务对象、教育的要求、教育的目标等，是一种明示的、公开的教育。目前各级各类学校对青少年的教育大都属于这种教育，如确定教育计划，提出教育目标，编写或选定教材，具体组织实施，既有课堂教学的教育，也有课外的教育等。

隐性教育是非直接的间接教育、非明示的暗示教育、潜移默化的渗透性教育，对于教育对象而言，这种教育是在不知不觉中完成的，教育者实施的这种教育却是有意识地设计和安排的，这种教育的优势表现为非组织性、非强制性、非量化性，但很容易被教育对象所接受，收到意想不到的效果。如自然景观的爱国主义教育、雕像群塑的革命传统教育、名人名言的励志教育等。

对青少年的思想道德教育，这两种教育方式各有所长，应当综合利用和实施。

2. 实现显性教育与隐性教育的结合，提升教育效果

如何发挥显性教育与隐性教育的各自优势，提升教育效果呢？首先，遵循显性教育与隐性教育并重原则，实现两者的合体效应，实现教育的互补功能，防止顾此失彼，强调一方面而忽略另一方面。其次，进行科学设计和规划，发挥环境的优势和特色，因地制宜、因条件设计，实现教育的自然与和谐，寓教于学、寓教于动、寓教于乐之中。最后，肯于投入人力、物力、财力，从思想道德教育在人才培养中的重要性考虑，从学校整体办学的能力出发，尽可能实现资源的投入和合理利用。

（二）青少年行为的反复和教育的反复

1. 青少年思想道德教育的效果要通过青少年行为的检验

对青少年的思想道德教育，确定计划，规划内容，运用必要的方式都很重要，但更重要的是实际教育效果，忽略对效果的评估，一味地追求形式，可能陷入形式主义的倾向。衡量教育的实效，要

通过青少年的外在行为来检验，如果教育能深入人心，青少年就会用外在行为展现其内在的状态。思想认识正确、品德高尚的青少年，会有良好的精神风貌和行为方式，反之，就会表现为负面的、不被认可和接受的行为方式。目前的教育实践中，人们比较重视怎样实施教育的问题，而对于教育的实效性因缺乏具体的衡量评价标准，可能受到一定程度的忽视，应力求克服。

2. 青少年行为的反复是经常发生的

青少年的思想状态处于动态的变化之中，一种教育可能在某一时间节点上发挥一定的作用，当受到相反的影响和教育时，这种正面作用可能被抵消，甚至完全走向反面。青少年思想的这种反复符合青少年思想不成熟的特点，属于正常现象，指望教育的一次成功、一劳永逸是不可能的。青少年思想的反复往往会反映在外在行为之中，昨天表现良好，行为符合各种行为规范的要求，今天就表现较差，不符合行为规范的要求，甚至可能危害到群体和他人的利益，这也反映了思想道德教育的艰巨性。

3. 对青少年的教育要有足够的耐心

面对青少年教育可能出现的反复，既要有充分的思想准备，又要有各种对策和可能预案。应当准确了解青少年出现思想反复的根源，破解造成负面影响的各种因素，对症下药地进行引导和启发，应当允许青少年思想转变有一个过程，防止简单急躁，不求甚解，盲目乐观，一旦不随所愿，就怨天尤人，悲观失望，应当动员各种力量，对青少年施加综合性的影响，促进其思想的转变，应当有针对个案的具体应对措施，具体问题具体解决。

当然，学校是社会的一部分，社会中的问题也会反映到学校，反映到青少年身上，不能指望对所有教育对象的教育都全部有效，青少年中的个别问题也不是思想道德教育就能解决的，青少年身上出现的极端现象并不都是教育的缺失，可能有各种社会原因。因为青少年中出现的典型问题而归责于学校，归责于教育工作者，是不客观、不公平的，应当探寻真正的原因，求得综合治理。

4. 对青少年的教育要常抓不懈

青少年成长过程中，由于身心发育不成熟，经常出现"不定性"

的现象，今天一个样，明天一个样，反复无常。对青少年的思想道德教育，其接触的社会现实也经常出现与正面教育相反的"副作用力"，使得青少年无法辨别是非，陷入迷茫的状态，一时无所适从。网络等现代媒介的广泛传播，可以达到无孔不入的境界，青少年是其重要的作用对象，网络内容的鱼龙混杂、是非并存，也常使青少年是非难辨。对青少年的影响，思想道德教育所施加的作用力只是其一而不是全部。

青少年的行为出现的反复，是社会的综合作用导致的。如果设想制造一个封闭的空间，只能使之接受正面教育，遏止其他作用力的影响，既不现实，也不可能，而且青少年的生存空间只能越来越开放。开放环境中的思想道德教育必须适应这种无法改变的环境，并争取主动，积极作为，确保成效。

因此，探索信息社会青少年思想道德教育的有效性，是一个时代的课题，研究好这一课题，既是现实要求，又面临很多困难，十分不易。但中华民族伟大复兴的要求，中国繁荣发展、后继有人的要求，这一课题只能做好，没有选择的余地，没有放弃的理由。

第三节　坚持对青少年道德规范教育的整体实施

一、重视整体环境的协调一致

（一）学校环境与社会环境的差异

1. 相对封闭的教育

青少年在学校中的活动，从时间上讲由学校统一安排与调控，绝大多数时间活动于校园，很少有校外活动时间，尤其是中小学。从接触的人员上讲，青少年主要接触学校老师和同学，只是偶尔有接触校外人员的机会。这两个因素决定了学校对青少年的教育，是在相对封闭的环境下进行的，教育的组织和管理、教育的内容和方式，是由学校来主导的，由教师来具体完成的。当然，这种封闭是相对的封闭，并不是说青少年就不接触社会，一方面，青少年要与家庭接触，家庭就是社会的细胞，青少年在寒暑假和其他课余时间也有参与社会活动、接触社会人员的机会，有时学校还会主动组织学生开展社会实践活动；另一方面，青少年中许多人有智能手机，一机拿在手，全知天下事，网络对青少年的影响越来越大。

2. 相对单一的教育

在学校对青少年的教育中，教育内容和方式由学校主导，无论是课堂教学还是课外活动的安排，都要由学校制定计划，组织实施。而学校的教育组织和安排，要根据国家的教育方针，使学生德智体美全面发展，培养目标是中国特色社会主义事业的合格建设者和可靠接班人。不同层次的学校，同一层次的不同区域的学校，都要按照国家教育方针的要求具体组织实施。从这一意义上讲，尽管青少年可以通过各种途径受到社会的影响，并可能产生思想上的反复，但总的来说，学校教育还是相对单纯的，主体教育还是单一的以国家教育方针为指导的教育，其他有一定影响的因素还是居于次要的位置。但这种影响因素并不能低估，就青少年的个体差异而言，有些青少年将学校主导的教育之外的教育全盘吸收，就会降低学校教育的影响，可能脱离正确的轨道。

（二）学校正面教育与外界环境的冲突客观存在

1. 社会环境的多层面和复杂性

社会环境的复杂和多面性，是由于社会主体的政治态度和立场的不同，不同群体在社会中的地位和影响力不同，不同文化层次的认知差异，等等，导致对社会现实的评价不同，采取的行为方式的不同。社会中的进步力量存在的同时，还存在着反动的力量，有人做有利于社会的事情，有人做危害社会的事情，这同青少年在学校的环境相比，差距甚大。青少年对复杂的社会环境一无所知不是好事，如果那样，他们将难以融入社会，难以适应社会，难以在社会中有所作为。如果青少年在学校的环境中采取完全社会化的行为，将抵消学校教育的功能，也不利于学生的成长成才。

2. 社会主体利益关系的尖锐性

在市场经济体制下，一些利益攸关的主体之间存在着激烈的竞争，其结果直接导致利益的得失，这种竞争与市场经济的体制相对应，属于正常现象。竞争的结果导致失败者可能采取极端的行为，有人能正确对待失败，总结经验教训，继续奋斗；有人可能怨天尤人，报复竞争对手，危害社会。青少年在成长阶段不会直接参与这样的竞争，但他们应当适当了解社会现实，正确对待竞争，理性对待成功与失败。学校教育中应当对青少年进行引导和教育，不应用封闭的观念阻止青少年对社会的了解，也不应对青少年放任自流，任其思想的自由发展。

3. 社会公平的相对性

社会的和谐、社会的公平公正是国家建设发展的任务和目标，也是人民群众追求的社会环境和人文环境，但社会的和谐与公平公正是相对的，社会公平公正也有一个由低级到高级的不断提升的过程，如果绝对化地理解公平公正，就会与现实产生诸多冲突，会发现许多不公平的社会现实，会产生许多思想障碍。尤其是青少年对社会的了解仅仅一知半解，不很深入和全面，如果以偏概全、以点代面地评价社会现实，就会得出错误的结论。引导青少年学会科学观察社会的方法，正确理解社会现实，是学校教育的一项艰巨任务。

（三）社会环境的改善势在必行

1. 青少年的思想状况与社会现实密切相关

如前所述，学校是社会的一部分，尽管学校有其自身特点，处于相对封闭状态，实施相对单一的教育，但都不能改变学校是社会一部分的事实，社会的某些现象不可避免要在学校中反映出来。青少年的思想状况，会不同程度地打上社会的烙印，不同时期的青少年有不同的思想特点，就是社会差别造成的结果。根据经济基础决定上层建筑、社会存在决定人们意识的基本原理，青少年的思想状况也必然与社会现实有关。曾经有人试图通过学校与社会隔离、青少年与社会隔离的思路淡化社会对青少年思想的影响，是行不通的。

2. 社会环境的改善直接影响学校的教育

由于学校的学生和教师通过各种途径会接触到社会，社会环境直接影响到学校师生，也会影响到学校对青少年的教育。社会环境良好，如政治清廉、社会和谐、人与人平等活动，公平公正，也会直接影响到学校师生，更会使学校的思想道德教育与社会状况相呼应，与社会现实相吻合，使学生心悦诚服地接受教育。如果与此相反，社会腐败堕落、强者横行霸道为所欲为、弱者遭受欺凌而不能受到保护、社会冲突不断、恶性事件不断发生，就会反映在学校教育过程中，反映在师生身上，这种情况下的思想道德教育就会苍白无力，无人信服，难以见效。鉴于社会环境对学校青少年的道德规范和思想政治教育影响如此之大，从对学校青少年教育的视角出发，也应该切实搞好社会环境建设，包括政治环境、经济环境、文化环境、生态环境等，使青少年生活在优良的社会环境中。

3. 努力实现学校教育与社会环境的统一

学校对青少年的教育迫切要求改善社会环境，从国家的层面、社会的层面应当引起足够的重视，采取大力度的措施，优化社会环境，使社会环境得到根本性改变，营造全员育人的良好道德氛围[20]。我国目前遏制和打击腐败的工作取得了卓有成效的进展，赢得了全国人民的认可和赞誉，对学校教育也产生了良好影响。这一事实说明，国家和社会下决心开展的工作是有效的，社会环境的改善是完全可能的。

同时应注意到，尽管经过不懈努力，社会环境会得到好转，但社会生活中的一些阴暗面不可能在短期内彻底清除，用理想化的思维衡量社会和要求社会，是十分困难的。面对社会不可避免存在的某些问题，学校应当教育青少年正确认识社会，提高辨别是非的能力，增强免疫力，待到将来进入社会时能心明眼亮，把握自己，掌握形势，在现有环境下发挥自己的才智，为社会发展做出贡献。

二、当下责任主体实施教育的主要缺失

（一）学校过度重视升学率，存在重智育轻德育的倾向

1. 升学率是衡量学校优劣的主要标准

近些年来，随着国家的高度重视和职能机关的积极努力，学校在青少年的培养过程中加强德育，有些学校还积累了较丰富的经验。但由于目前国家的升学考试机制以文化课的考核为基础，考试分数决定了学生的前途和命运，加强文化课的学习，提高考试分数，既是学生最重视的问题，也是学校和教师追求的目标。依此状态，学校对学生的道德规范和思想政治教育无形中可能受到忽略，学生的重视程度也大打折扣，因此学校德育在一定程度上将会受到削弱。

酝酿考试制度改革已是多年来的课题，但限于国家的现状和考试制度的利弊分析，改变现实招生制度、录取方式还十分困难，进而改变目前的局面十分不易。

2. 学校对教师的衡量标准主要是业务课教学质量

在现行的招生考试制度下，学校对教师的要求主要是业务课教学质量，教师能把所任课程讲好，能把学生成绩提高上去就是好老师，就会受到充分的肯定。至于任课教师的思想道德状况，其言行举止是否对学生有负面影响，竟成为次要问题，甚至可以忽略不计。从教育过程来看，教师对学生的影响最直接，尤其是那些有威望的教师，其言行举止都可能成为学生模仿的对象。教师的思想道德层次高或低，会对学生产生最直接的影响。在某种意义上讲，学校对教师思想道德方面的要求的忽略，就是对学生思想道德教育的忽视。

3. 学生的优劣主要以成绩排名为依据

在一些中小学，经常出现对学生的成绩排序，以此为主要根据来评价学生的优劣，对排在后面的学生还要找家长研究解决的对策。在一些大学的免试推研、评优中，也要按照学生的学习成绩进行排队。毫无疑问，学生的学习成绩是衡量学生学习和表现的重要指标，但不是唯一的标准，一个学生的综合素质如何，绝不单单是学习成绩。目前许多学校对学生的评价过于看重学习成绩，导致学生专注自己的学习，忽视综合素质的完善，对学校进行的思想道德教育也采取敷衍、应付的态度，是应当得到纠正的。

4. 改变现状不仅是学校的任务

上述问题的存在是多年来人们讨论并试图解决的问题，但到目前为止解决得并不理想。升学考试是实现社会公平的重要方式，分数面前人人平等是公认的规则，既然如此，只有通过考试解决升学、评优等问题。可以认为，现行的考试制度有其存在的合理性，还难以找到更合理的方式取代。但对于出现的弊端也应有适当的对策。一方面，学校作为实施教育的主体，有责任全面贯彻落实国家的教育方针，建立对学生的科学考核机制；另一方面，解决这些问题又不是靠学校就能完成，国家职能机关、社会团体、社会组织应当从宏观上、整体上、制度上探讨解决问题的科学方法，使得对学生的评价更为科学合理，使素质教育能落到实处。

（二）父母无暇顾及而疏于教育

1. 青少年教育中父母的责任重大

在青少年的成长过程中，家长对子女的教育负有直接的责任。首先，我国的《义务教育法》《未成年人保护法》从法律层面规定了家长应尽的法律义务，家长应当依法履行。其次，从家长与子女的亲缘关系来看，家长应当对子女承担应尽的培养照顾的义务。再次，从子女对家长的依赖程度来看，家长对子女的教育也是义不容辞。曾有人说，家长是子女的首位启蒙教师，这是很有道理的，家长对子女的教育，既包括创造条件，让子女受到应有的教育，也包括用自身的行动，影响和教育子女。如果父母对于青少年的道德行为的强化少，就不能促进青少年道德行为的习得和道德规范的内化[21]。

2. 许多父母忙于养家糊口造成责任缺失

然而，目前的实际情况是，有相当数量的家长没有将维持家庭生活与培养教育子女兼顾起来，为改善生活条件，将绝大部分精力用于工作和增加收入，忽视或放弃对子女的培养教育，造成子女教育的明显缺失。子女缺乏父母管教和家庭温暖，给那些有不良企图的人创造了机会，极易导致子女在成长过程中，在缺乏辨别和判断力的情况下偏离正确轨道。从实践中总结许多"问题青少年"的发展变化过程和心路历程都可以发现，家庭教育的缺失、父母的缺乏管教是最重要的原因。

3. 应形成制约父母尽责的机制

尽管有相关法律制度，尽管有许多教训发生，但还不足以警醒父母发生改变，因而难以改变目前的状况。一旦发生子女离经叛道，走向歧途，则痛心疾首，悔之晚矣。为改变目前的状况，除强调法定义务之外，社会应当承担起诸多责任，形成督促父母履行培养教育责任的机制。如司法机关和宣传教育机构要总结此方面的典型案例，引起父母的重视和警觉，农村基层组织和城镇街道办事处对辖区内的青少年建立信息档案，逐个与父母联系和提示，父母工作的单位，无论是机关还是事业单位，无论是国企还是私企，都要及时提醒有孩子的父母勿忘对子女尽职尽责。如此，社会机制一经形成，将会改变目前的状态。当然，城市与农村，内地与边远地区，情形有很大不同，应当抓住重点地区、重点对象开展工作。

（三）社会满足于评价底线的不出事

1. 国家机关、社会团体对青少年的教育负有直接责任

除学校、家庭之外，在对青少年的教育中，国家机关、社会团体同样负有直接责任：一方面，有些国家机关是直接负责教育管理与监督的机关，对教育事业，包括对青少年的培养教育负有直接责任。另一方面，从人才培养的角度来看，任何机关与团体都需要高素质的青少年来接班，对培养青少年工作的重视，不仅是学校和专门机关的事情，从社会稳定的角度来看，青少年出了问题，发生群体性事件，将会影响社会稳定，如果青少年的素质有问题，即便离开学校，走向社会，也将为危害社会稳定留下隐患。

2. 个别机关、社会团体对青少年的思想道德教育有所忽视

对于学校教育和学生成长问题，目前有些职能机关满足于"学生不闹事，学校不出事"，稳定就好，至于青少年学生的思想状态、素质情况如何，就不那么关心了。应当说，学校的稳定固然是大事，学校发生不稳定的状况，一旦波及社会，会引起社会的不稳定，影响经济的发展与社会的和谐。但学校稳定了，并不代表青少年学生的思想状况没有问题，并不应削弱对青少年的思想政治教育和道德规范教育。个别机关、社会团体应当从"两个一百年"的奋斗目标出发，从民族复兴的历史使命着眼，认识青少年思想道德素质的重要性，关心青少年的全面成长，为此多做一些实实在在的事情。

（四）自我教育的加强与改进

1. 青少年自我教育的重要性

所谓青少年的自我教育，包括两种含义：一是作为群体中的一员，在参与群体活动中向其他成员学习，接受其他成员对自己的教育；二是通过自我反思，自我修养，实现自我教育。青少年的自我教育时时发生，潜移默化，无法阻碍。青少年之间的相互影响是一种自然现象，重视和研究自我教育的特点，通过自我教育引导青少年健康成长，既是一种教育方式，也是一种教育理念。当然，青少年之间的自我教育既有正面的教育，也有负面的教育，如何弘扬正面教育，抑制负面影响，是实施教育的主体要解决好的问题。

2. 青少年自我教育的实施

引导青少年的自我教育，应当注意以下问题：首先，要引导青少年形成蓬勃向上、奋发进取的精神状态，形成正能量的主流，在这样的群体中，人人争取进步，不甘落后，比学赶帮，力争上游，每个个体成员受到的是正能量的熏陶。其次，要注意发现群体中的先进典型，总结典型予以宣传和推广，让青少年们在自己的身边就能找到学习的榜样。再次，重视青少年的内在修养，引导青少年学会自我反思，自我评价，能发现自身的缺点和不足，并能自觉克服自身的不足。

三、分工与配合，实现全覆盖教育

（一）改善教育的外部环境

1. 国家职能机关和社会团体的主导作用

所谓教育的外部环境，是指学校之外的对学校教育产生影响的环境，也就是通常所说的社会环境。社会环境直接影响学校的教育环境，大环境影响小环境，社会环境的改善是一项复杂的社会工程，需要统筹规划，坚定执行，攻坚克难。我国近些年惩治腐败对政治环境的改善有目共睹，人民群众予以充分肯定，说明只要下定决心，社会环境的改善是可以实现的。改善社会环境，国家职能机关应当发挥主导作用，这是职责所决定，权力所可行，职能机关不尽责、不作为，改善环境难以实现。

2. 学校的积极参与和配合

社会环境的改善对于学校而言是否有联系？学校的作用究竟有多大？应当说，尽管无法进行具体的量化验证，但关联性是存在的。学校应当通过对青少年学生的观察和调研，了解学生对哪些社会问题予以关注，关注到什么程度，社会哪些热点问题对学生的思想、心理产生影响等，进而归纳出若干社会问题，提出解决的建议或方案，以引起职能机关的重视，采取措施予以解决。从这一角度来看，学校在改善社会环境方面还是可以有所作为的。因此，学校应改变作为旁观者的身份出现，努力承担起改善社会环境的责任。

3. 有关部门的积极介入

社会环境的改善要向社会公众或者特定对象进行说服教育，进行宣传工作，但仅限于此是难以奏效的。说服教育可能对一部分人有效，对有些人则不会产生作用。一些道德败坏者不会接受说服教育，一些利欲熏心者为了获取利益会不择手段，为所欲为，一般的说服教育会不为所动。国家机关的强制性介入是不可缺少的，如司法机关惩治腐败，追究当事人的法律责任，对遏制腐败是极其重要的手段。改善社会环境，既要教育又要惩罚，既要有软措施又要有硬手段，多管齐下，共同努力，才能使改变社会环境的良好愿望变为现实。

（二）加强学校的系统教育

1. 教育内容的科学设计

首先，要根据教育对象在不同时期的接受和理解能力确定可接受的教育内容，超出其理解和接受能力，难以收到预想效果，过于简单的教育内容，甚至是重复性的教育内容，没有任何教育意义，还有可能引起教育对象的反感，产生心理障碍拒绝教育。其次，教育内容要紧扣时代脉搏，针对青少年学生的思想实际，起到答疑解惑的作用，发挥引导青少年学生健康成长的作用。最后，选取的内容要符合青少年的兴趣特点，生动活泼，又喜闻乐见，易于引起青少年的兴趣，引起青少年的共鸣，在快乐中接受教育，使得思想道德教育入脑入心。

2. 实施教育的有效衔接

青少年思想道德教育的衔接，既包括不同阶段的衔接，也包括同一阶段不同年级的衔接，不同的教育阶段会出现不同的教育主体，同一教育阶段是在同一教育主体的主导下实施。无论在哪一种情形之下，青少年思想道德教育的衔接都是应当引起充分重视的问题。从教育的内容来看，思想道德教育的衔接既要体现出差别，又要有前后的关联，体现出教育的系统性、整体性。从理论层次来看，思想道德教育要由浅入深，由简单到复杂，体现出逐步提升的过程，不应停留在某一层次上。从对青少年历史责任的认知上来看，应当由小到大，由初步认知到深刻的认知，能使之将国家与民族的发展目标同自身的奋斗目标结合起来。

3. 教育主体的分工明确

对青少年进行思想道德教育的主体可以分为三个层次。一是各级教育行政部门和中国共产党的各级机关，他们负责制定和落实国家的教育方针、规章制度、发展目标等，指导、监督各级各类学校的教育工作展开，把握中国特色社会主义的办学方向。二是负责青少年培养的各级各类学校，根据《教育法》等法律制度的规定，在坚持中国特色社会主义办学方向的前提下，各个学校都有一定的办学自主权，如何实施德智体美的教育，各个学校可以自行组织实施。而对于青少年的道德规范和思想政治教育，则不能以自主办学为由任意削弱或取消，此项教育必须执行国家的统一计划。三是具体落实思想道德教育的教师，在高等学校被称为思想理论课教师和学生辅导员。这些人直接与学生接触，将国家和学校的思想道德教育计划具体落实，直接影响思想道德教育的效果。以上三类教育主体各有职责，应当在各自的责任范围内履行好教育责任，以高标准完成教育任务。同时各类主体应当密切合作，紧密联系，将青少年的思想道德教育落到实处，收到实实在在的效果。

（三）努力弥补家庭教育

1. 家长的认知：维持与改善家庭生活同教育子女是同等责任

如前所述，父母和家庭成员对青少年的教育负有直接责任，而目前的实际情况是由于父母忙于生计，对子女的教育明显有所忽略，导致子女教育的缺失。许多家长忙忙碌碌地工作，很大程度上是为了子女，但这只是为了子女的现实利益，而关心子女的健康成长，实现身心发育的良性状态，则是为了子女的长远利益考虑，只顾现实不顾长远，是认识上的短视，是对子女教育的缺位。作为真正对子女负责的父母，应当把现实的关心和长远的关心结合起来，把对子女教育的责任担当起来，顾此失彼的关心不是真正的关心。

2. 法律的干预：教育子女是对国家、社会的义务

对于认识不到位，行动有缺位的父母，应当进行必要的干预，包括必要的说服教育和管理上的干预。对于那些说服教育无效的父母，应当进行必要的法律干预，通过教育与制裁，要使父母意识到，

父母对子女的关心与教育并不仅仅是自己的私事，而是法定义务，是对国家、对社会应尽的责任。如果父母能够认识到这种程度，则对子女的教育就不会忽略或缺失，而家庭教育的到位，对于实现社会、家庭、学校三位一体的教育提供了基本的保证。

3. 学校的介入：说服家长将现实利益与长远利益结合

在实现家庭教育的过程中，学校是有所作为还是无所作为，往往认识不一。可以认为，学校做青少年父母的工作，使之承担起培养教育的职责，既有困难，也有有利条件。困难方面主要表现为：有些父母不听劝说，一意孤行，学校又没有强制力，没有更好的办法制约学生家长；有些父母常年在外，无法联系和沟通，没有对话的机会。有利条件表现为：教师的地位和身份能赢得大多数家长的尊重；教师出于关心学生的目的与学生家长沟通，可以在感情上与家长产生共鸣，其观点和要求较容易被家长接受，教师的工作效果会明显高于其他人的工作效果。因此，学校的介入，学生的老师的参与，对提高学生家长的认识至关重要，学校应当积极承担起这样的责任。

第四章　重视和加强公职人员的道德规范建设

所谓公职人员，是指在各级各类国家机关承担专门的职务、履行特定职责，或者国家派往企事业单位，承担特定管理职责，由国家支付劳动报酬和给予各种劳动保障的人员，公务员即属于这类人员。在我国现实社会中，加强公职人员的道德规范建设具有特殊意义，尽管公职人员所占公民的比重不是很大，但对社会道德建设的影响程度却大大超出人们的想象。

第一节　公职人员的道德水准直接影响全社会的道德建设水平

一、特殊主体的特殊社会影响

（一）公职人员代表国家履行管理职能

1. 公职人员有法定职责

公职人员的岗位设置是依照国家法律、法规、规章决定的，每一个岗位都有法定职责，每一名公职人员都要依法履行职责。因岗位的不同，公职人员的职责也有所区别。因此，任何公职人员的行为都不是个人行为，而是国家行为，公职人员手中的权力不是个人权力，而是代表国家行使权力。如果哪位公职人员将手中的权力视为个人权力、私权力，则认识上是完全错误的，行为上很可能错误使用权力，用权力谋取私利，为个人服务。一些腐败分子走向腐败之路的原因可能很多，这可能是主要原因。

2. 公职人员是特殊的社会群体

公职人员是社会群体之一，是代表国家履行管理和服务职能的群体。这个群体的特殊性主要表现在以下几个方面。首先，公职人员代表国家履行管理和服务职能，手中握有国家赋予的权力，这个权力是国家的，却是通过公职人员来实现的，对于社会公众而言，往往认为公职人员有权力，有利用价值，因而想方设法与公职人员建立联系，甚至不惜向公职人员行贿，投其所好，将公职人员拉下水。其次，公职人员的工资、劳动报酬、社会福利由国家负责支付，有稳定的工作、稳定的收入，这也成了令人羡慕的工作，每年国家公务员招聘，报考者趋之若鹜，这也是主要原因之一。最后，公职人员的工作环境令人羡慕，与其他工作岗位相比，这也是优势之一。

3. 公职人员要接触各类社会成员

公职人员由其工作性质所决定，既要与其他公职人员广泛联系，又要与管理和服务相对人广泛联系，可以接触到各类各层次社会成员，这是一种工作需要，与公职人员的业务工作密切相关。当然，如果把公职人员的广泛社会联系看成一种社会资源，一种可以利用的社会资源，为此达到个人目的，则是完全错误的。在当下的社会生活实践中，确有一些人依此目的与公职人员建立联系，也确有一些公职人员乐此不疲，满足于他人的奉承与恭维之中，殊不知却可能因此而误入歧途。

（二）公职人员的选聘有特殊要求

1. 德才兼备是基本要求

随着我国公职人员的管理逐步实现规范化，公职人员的聘用也正在实现规范化，而对于公职人员的聘用标准和条件，因不同岗位的不同要求，也会有所区别，但总的条件，几乎所有岗位都需要的条件，就是德才兼备。这里所说的德，包括两方面内容：一是思想政治素质，涉及政治态度、政治立场，如要拥护社会主义制度，坚定中国共产党的领导，坚持中国特色社会主义道路；二是道德素质，要有高尚的道德情操，遵守社会主义道德规范，坚持为人民服务的道德核心和集体主义道德原则。在言行举止方面，公职人员应严格要求自己，努力成为社会群体中的道德楷模。这里所说的才，是就业务素质和能力而言的，既要具备基本的能胜任各项工作的业务素质和能力，又要具备特殊岗位对公职人员要求达到的专业素质和能力，如计算机、会计等专业能力。德才要兼备，只有其中之一而缺乏另一条件，都是不完整不全面的。

2. 选聘程序十分严格

每年一次的公务员考试是各不同学历层次的年轻人热衷参与的活动，成为一名公职人员是他们向往的职业选择。有些热门岗位已不止百里挑一，可达到千里挑一。而选聘程序又是十分严格的，包括笔试、面试等，所出题目常令参加考试者难以想象，无法准备。考试程序的严格有利于优中择优，选出出类拔萃的人员进入公职人员队伍。也使得参加考试者想考取难上加难，增加被淘汰的风险。

3. 履行职务工作的考核十分具体

国家对公职人员履行职责情况有确定的考核要求，不同类别的公职人员，不同岗位的公职人员，考核内容有所不同，在条目的表述上也会有所差别，但总的归纳起来，可以概括为四个方面：德、能、勤、绩。德包括道德品质和思想政治素质的要求，这一要求对公职人员更为重要，因为公职人员代表国家履行职责时，无论是思想政治素质还是道德品质，公职人员在这方面出问题，表现为利用国家提供的岗位进行损害国家利益的行为，将直接严重损害国家的声誉。能指业务素质和能力，检验其能否胜任承担的业务工作。勤主要指对工作的态度，看其是否能热心对待工作，勤勤恳恳地从事工作。这一要求仍然十分重要，如果业务素质和能力很强，但不热心工作，不努力工作，仍然是不符合要求的。绩指工作业绩，从事本职工作时取得的成就。公职人员应当用创新创造的思路从事工作，努力取得工作上的业绩。上述考核要求中，德为其首，也说明对公职人员的道德建设和道德要求的重要性。

（三）公职人员的作风直接影响社会风气

1. 管理者具有居高临下的特殊地位

公职人员从事管理和服务社会的工作，有具体的管理和服务的对象，这些对象在行政行为中被称之为管理相对人。对于管理和服务的对象而言，公职人员是管理者、服务者，尤其体现在管理上，公职人员的行为要与这些对象的切身利益的得失产生关联。公职人员还有强制的权力，如果与公职人员对着干，会产生对自己不利的后果。因此可以认为，尽管我们说公职人员是人民群众的服务人员，但这种服务是有条件的，管理职责是客观存在的，行使管理权力时具有居高临下的地位，具有不可抗拒的强制性，管理相对人必须服从。必要时采取的强制措施，是对国家、对社会公众负责任的体现，是履行职责的要求。

2. 其他社会成员对公职人员具有特殊的尊重和敬意

公职人员的产生有很高的条件，很严格的程序，考核也十分全面，公职人员要在激烈的竞争中产生，成为一名公职人员十分不易，一定是同龄人中的佼佼者，从这一点上讲，公职人员会导致社会公众的尊重。另一方面，公职人员代表国家履行职责，公职人员的公务行为就是国家行为，人们对国家的敬畏和尊重，也体现在对公职人员的尊重上。同时，鉴于公职人员的行为对具体的管理对象而言，会产生直接的利益得失，从维护自身利益的角度来看，管理对象对公职人员也会产生某种敬畏的心理。当然，随着社会的发展进步，人们对公职人员的认知会有所变化，态度会有所调整，但无论如何，公职人员的工作性质和责任的重要性仍然存在，努力地、负责任地、热心地、公平地履行职责，都会赢得社会的尊重。

3. 公职人员的言行举止为社会公众学习和效仿

如上所述，公职人员代表国家履行职责，其言行举止在某种意义上代表了国家治理中的精神风貌和运行状态，往往被认为是主流社会的行为表现。任何一个国家和社会的主流生活状态，大都是社会公众所向往和追求的，公职人员的行为表现，对社会公众的影响程度要远远超过其他社会成员的影响，其言行举止很容易成为其他社会成员模仿和学习的对象。正所谓公职人员的道德行为具有导向性特征[22]。从我国社会的现实情况来看，如果某一时期公职人员生活放荡，吃喝玩乐，追求物质享受，就会给社会带来非常严重的负面影响，导致社会风气的败坏。反之，如果公职人员严以律己，生活简朴，工作清廉，公平正义，就会给社会带来诸多的正能量，影响社会风气向好的方面转化。这也从一个角度说明加强公职人员道德规范建设的重要性。

二、履行职责时的公平与效率直接代表国家的属性和治理水平

（一）国家属性通过公职人员的行为来体现

1. "为什么人"的问题反映国家属性

为什么人服务，为什么人谋利益，是为绝大多数人服务还是为少数既得利益者服务，反映了这个国家的性质和制度特征。我国目前的社会制度是中国特色社会主义制度，我国是工人阶级领导的、工农联盟为基础的人民民主专政的社会主义国家。我国《宪法》规定："社会主义的建设事业必须依靠工人、农民和知识分子，团结一切可以团结的力量。"我国的国家性质和社会制度都明确了人民群众的地位和作用，为人民群众谋利益，为人民服务是国家性质决定的，也是作为执政党的中国共产党的宗旨决定的。国家的性质、执政党的宗旨要通过国家公职人员的行为来体现，仅从这一角度来看，公职人员的责任是非常重大的。

2. 公职人员的作为直接体现国家属性

国家政治活动的运行，国家性质与制度的体现，究竟代表谁、为谁谋利益？要由人民群众的感受、体验和评价来证明。人民群众的评价又要通过其接触的国家公职人员的表现作为依据。如果公职人员深刻理解了国家的性质和制度，用自己的言行全面贯彻和落实国家的性质和制度，让人民群众看到国家所公开展示的性质与制度同公职人员的表现相吻合，人民群众就会更加相信国家的权威，凝聚在国家的旗帜之下，响应国家的号召。如果公职人员表面承认国家的性质和制度，实际行动与国家的性质和制度背道而驰，与为人民谋利益相反，完全为自己谋利益，处处危害人民的利益，则人民群众不仅不认可公职人员的行为，更会对国家的性质和制度产生怀疑，与国家离心离德，不会响应国家的召唤，就会动摇国家治理的根基，对国家的发展埋下不可估量的隐患。一个有责任感和职业操守的公职人员，应当深刻认识到问题的严重性，认识到自己的公务行为绝不仅仅是自己的问题，以高度的使命感、责任感完成自己承担的任务。

（二）社会主义国家是为人民谋利益的国家

1. 中国共产党的宗旨是为人民服务

中国共产党作为当今中国的执政党，从成立之初就确定了本党的根本宗旨是全心全意为人民谋利益，坚持这一宗旨，在极其艰难困苦的时期，仍能动员和团结人民群众支持共产党的路线方针政策，心甘情愿地跟着共产党同帝国主义、封建主义斗争，实现了人民共和国的建立。在社会主义建设和改革开放的新时期，无论遇到何种困难和风险，人民群众跟着共产党前进的决心从未改变。根本原因就是中国共产党始终坚持为人民谋利益，为人民服务。面向中华民族伟大复兴的新的历史时期，中国共产党只有始终如一地继续坚持自己的宗旨，才能带领人民群众实现既定的奋斗目标，如果放弃这一宗旨，不再为人民群众谋利益，就要丧失人民群众，民族复兴的目标就不可能实现。

2. 国家公职人员的职责目标是为人民服务

中国共产党的宗旨决定了其领导下的各级各类国家机关、社会团体的工作必须体现为人民服务，一切从人民的利益出发，而不是从个人或小集团的利益出发。作为国家公职人员可能从事各种不同的具体工作，但追求的总的责任目标是为人民服务。如果执政党的宗旨发生变化，公职人员的工作目标必然随之变化，如果执政党的宗旨没有变化，公职人员的职责目标发生变化，不再坚持为人民服务，而是为自己或小集团的利益服务，则是对党的宗旨的背离，对党的背叛。执政党只有及时处理或清理这些人，才能保证党的宗旨的实现，才能保证党的性质不发生改变。否则，尽管党的宗旨是为人民服务，为人民谋利益，但公职人员的行为背离党的宗旨，玷污党的形象，且形成风气，积重难返，则党就要改变颜色，党的性质就要发生蜕变，这是十分危险的。当前党内的反腐败斗争，就是解决这一问题的有效方式之一。

3. 对公职人员的考核基点是是否从人民的利益出发

前面谈到的对公职人员的考核，包括德、能、勤、绩的具体考核指标，其基本出发点就是考核其行为是否是从人民的利益出发，坚持始终不渝地为人民谋利益。有了这样的出发点，其所作所为都是将人民的利益放在首位，其完成考核的指标就不会脱离正确的轨道。完成德、能、勤、绩的考核与坚持职务行为的出发点是完全一致的，不可能发生冲突和矛盾，假如发生了冲突和矛盾，完成德、能、勤、绩的考核任务没有从人民的利益出发，则说明其行为表现和工作业绩被某种假象所掩盖，表里不一。

三、公职人员的道德水准展示整个社会的道德建设层次

（一）社会道德建设反映精神文明程度

我国改革开放以来，由一直强调两个文明建设到四个文明建设，其中的一项重要内容就是精神文明。精神文明是人类在改造客观世界和主观世界的过程中所取得的精神成果的总和，其包括两个部分内容：一是科学文化部分，包括社会的知识、文化、智慧的状况和教育、科学、文化、艺术、卫生、体育等的发展规模和发展水平；二是思想道德部分，包括社会的政治思想、道德面貌、社会风尚和人们的世界观、理想、信念、组织性、纪律性等的状况。思想道德是精神文明的组成部分，道德风貌是思想道德的重要组成部分，显然，搞好社会的道德建设是精神文明的重要任务，道德建设的状况如何也能直接反映社会的精神文明的程度，道德建设搞得越好，精神文明的水平就越高。

（二）公职人员的道德状况反映整个社会的道德建设水平

如前所述，公职人员代表国家行使管理与服务的职能，其特殊的岗位和特殊的任务决定其行为对整个社会的影响程度，是其他社会群体所无法比拟的，从道德建设的视角来看，公职人员的道德建设如何？道德水准处于什么水平？基本能够反映整个社会的道德建设水平。或者说，评价社会道德建设状况及道德水准，首要的是考察公职人员的状态如何。因为公职人员对其他社会群体的巨大影响力足以证明，其自身的道德状况足以影响到其他社会群体和社会成员，所以可以认为，整个社会的道德建设应当首先从公职人员抓起，使公职人员成为整个社会成员的道德楷模。

（三）公职人员的道德建设是一项常抓不懈的任务

道德永远存在于人类社会，道德建设是一项与人类社会长期并存的实践活动，只要有人类社会存在，就需要道德的调整。而从中

国社会的现实状况看，从完成民族复兴的历史任务看，当前的道德建设任务仍很艰巨。其中，针对公职人员的道德建设应当摆在重要的位置。从某种意义上讲，公民的道德建设同等重要，应当全面推进，但从不同群体的地位和作用而言，抓住重要社会群体的道德建设能够起到引领和推动的作用。鉴于公职人员的特殊地位和对社会其他群体的影响带动作用，应当重点抓好。同时，对公职人员群体的道德建设是一项长期工作，不能因为这个群体文化层次较高，接受能力较强，一抓就成，一蹴而就，进行一定的教育就万事大吉了。公职人员的思想也处于变化之中，社会各种因素的影响同时存在，公职人员之间的影响更为直接，长期不懈地教育方能有效。

第二节　公职人员道德规范建设的状况与强力措施

一、公职人员道德规范建设的有利条件和不利因素

（一）公职人员道德规范建设的有利条件

1. 公职人员是社会群体中综合素质较高的群体

从社会群体的构成来看，公职人员的综合素质较高是公认的事实。所谓综合素质高，表现为良好的思想道德素质、较高的专业素质和能力、较好的文化教养和艺术素养等。之所以如此，是因为这些人曾受过良好的教育，目前的公职人员中，绝大多数人具有大学本科学历，还有相当一部分拥有硕士、博士学历者，将这些人说成是社会精英并不为过。在社会群体的比较中，除了高等学校、科研机构外，就学历结构和综合素质而言，其他群体基本上不能与公职人员相比。

2. 公职人员具有较高的认知和接受能力

由于公职人员的综合素质较高，理解和接受能力较强，所以对公职人员提出的任何要求很容易被理解，也便于被接受。如对公职人员的道德规范、法律规范教育，对于教育的意义、要求遵守的规范内容、违反规范应当承担什么后果等，他们的理解程度会相对比较深刻。问题是是否对公职人员进行教育、是否长期不断地进行教

育。如果认为公职人员的理解和接受能力强，自我学习足矣，没有必要进行教育，因而疏于教育，甚至放弃教育，则是教育的缺位。同样，如果认为这些人素质高，理解和接受能力强，只是进行简单的教育，或者偶尔地提示性教育，没有深入教育，没有长期不懈的教育，则是教育的不到位。许多事实说明，公职人员同样需要提示和教育，需要自勉和警醒，加强教育是对公职人员负责的表现。

3. 公职人员中中共党员的比例最高

中央组织部党内统计数据显示，截至 2017 年年底，中国共产党党员总数为 8956.4 万名，比上年净增 11.7 万名。按照社会群体划分，公职人员中党员的比例是最高的。因为作为社会精英的公职人员，其政治意识强，要求进步的迫切性强，而作为对公职人员进行考核聘用的条件，其政治身份同样是要求之一。中共党员聚集的群体，党和国家的要求较容易被贯彻落实。要求公职人员遵守道德规范等行为规范，能够得到群体的响应并落实于行动之中。

（二）公职人员道德规范建设的不利因素

1. 公权力的行使为谋取私利提供最优条件

公职人员代表国家行使的权利也被称为公权力，行使公权力为公职人员为人民服务、实现远大的理想和抱负提供了机会，也为腐败分子运用公权力谋一己私利创造了条件。权力具有极大的诱惑力，一方面实现远大的政治理想离不开权力，为人民服务离不开权力，而另一方面违法乱纪也离不开权力，贪污腐败更离不开权力。有了权力就有了支配力量，就有了可利用的资源。我国当前反腐败所揭露出来的各种案例，都是腐败分子利用手中的权力完成的腐败。事实说明，选好运用权力的人至关重要，能把为人民服务的人选拔到运用权力的重要岗位，就是对人民的贡献，对民族复兴的贡献。

2. 公职人员中的不良风气最易相互影响

公职人员由于工作的关系和社会地位的关系，相互联系既方便又密切，许多人都有自己的"圈子"，公职人员中"圈子"文化的相互影响十分严重，尤其是不良风气的影响更为突出。曾经有一个时期，公职人员大吃大喝的风气比较突出，人民群众极其不满，社会评价极其负面，经过治理和纠偏，目前得到了根本性的好转。为什么公职人员之间的相互影响比较突出？主要是因为他们工作、生活在同一政治环境下，相互比较其受制约的情况，你能干的事我也能干，你能享受的我也能享受，你的行为不受限制也不应限制我的行为。这种现象说明，及时制止公职人员中的不良风气，防止不良风气的蔓延十分重要。

3. 市场经济的规则对政治文化的不良影响

我国实行市场经济体制以来，改变了原来"大锅饭"的平均主义分配制度，极大地激发了人们的劳动热情和积极性，鼓励人们的创造精神和竞争精神，极大地促进了社会生产力的发展，表现为我国经济的持续和高速增长。市场经济的规则影响到国家政治生活领域，既有正面作用又有负面影响，而负面影响主要表现为竞争和追求效益的最大化。市场主体为实现经济目标而积极竞争是被提倡的，政治生活领域为追求某一目标而不择手段的竞争是万万不可的。如一些人为了官升一级而不惜向关键人物行贿，动辄成百万上千万，以金钱数额决定升职的级别，极大地干扰了政治生活中的公平和正义。市场经济主体以获取利润或效益的最大化为目标，如果这一规则被渗透到政治生活领域，公职人员运用权力为个人谋取私利，并以权力的大小决定谋取私利的多少，则政治运行就要偏离正确轨道，政治文化就要偏离社会主义方向，如不及时纠正，是十分危险的。

二、公职人员道德状况的现实评价

（一）公职人员道德规范建设取得明显进展

1. 服务意识明显增强

随着公职人员道德建设的深入和国家治理水平的提升，公职人员的道德风貌明显改观，道德水准明显提高。这一变化的表现之一就是服务意识明显增强，公职人员立足岗位，认真履行职责，为管理与服务的对象着想，尽可能提供优质的服务。在我国社会主义道德建设的实施过程中，为人民服务是社会主义道德建设的核心，倡导各行各业、社会群体或个体成员，都要树立为人民服务的思想。对于从事不同工作的人而言，为人民服务的方式和途径也有所不同。对于公职人员而言，其从事的管理与服务工作，直接面向社会公众，其所作所为与群众利益密切相关，其完成本职工作的过程就是为人民服务的过程。因此，要求公职人员为人民服务，树立群众意识、群众观念尤为重要。目前，各级各类国家机关及其公职人员普遍强调为人民服务，采取各种措施，如简化办事程序、提高工作效率、特事特办等，赢得了社会的赞誉和好评。

2. 责任意识明显增强

所谓责任意识，是指在知道什么是责任的基础上，能够踏实认真地履行自己承担的本职工作责任，并承担参与社会活动的责任，将责任落实于行动的心理特征。如果一个人的责任意识强，就会在履行职责和服务社会的过程中克服各种困难，解决各种冲突和矛盾，勇往直前。反之，如果责任意识弱，不认真履行职责，就会出现各种纰漏，犯各种错误。公职人员的责任意识如何？应当说随着公职人员的职业规范化的进步，其责任意识也明显增强，表现为对本职工作的认真负责态度、对工作对象的热心服务精神、提高工作效率增进群众满意度等。

3. 自身约束意识明显增强

社会成员的个体修养程度标志着社会的文明程度。人的自身修养程度越高，社会的文明程度就越高，社会道德建设的任务之一，就是提高个体成员的道德修养。公职人员的道德修养程度如何？就社会评价而言，在改革开放的一段时间里，由于某些公职人员的个人修养存在不足，什么话都敢说，什么事都敢做，普通群众不会做的事情他们都任意为之，造成了不良的社会观感，许多人持负面评价态度。近些年的状况大有改观，表现为公职人员的自身约束程度明显增强，过去可以随便说的话现在不随便说了，过去难有约束的行为现在收敛得多了，不该去的地方不去了，不该干的事情不干了。这些变化说明，公职人员的自我约束意识明显增强，自我修养水平明显提高，群众的满意度也在提高。

（二）公职人员道德规范建设尚需努力

1. 公职人员中违反行为规范的现象时有发生

近些年来，随着国家反腐力度的加大，一些腐败分子被及时追究了责任，也有效遏制了腐败行为的滋长和蔓延，但仍有人无所顾忌，继续违反道德规范和其他行为规范。根据中央纪委监察部网站公布的信息，2017 年全国共查处违反中央八项规定精神问题 51008 起，71644 人受到处理，50069 人受到党纪政纪处分。其中，2017 年 12 月份全国共查处违反中央八项规定精神问题 7594 起，10672 人受到处理，7329 人受到党纪政纪处分。这一年中因违反中央八项规定精神受到党政纪处分的干部中，有 6 名省部级干部，543 名地厅级干部，4541 名县处级干部，44979 名乡科级干部。违纪行为包括违规发放津补贴或福利、违规收送礼品礼金、违规配备使用公务用车、违规公款吃喝、大办婚丧喜庆宴席、提供或接受超标准接待、接受或用公款参与高消费娱乐健身活动、违规出入私人会所、领导干部住房违规、公款国内旅游、楼堂馆所违规、公款出国境旅游等问题。这些事实足以说明，公职人员违反道德规范和其他行为规范的行为仍然存在，加强教育刻不容缓。

2. 腐败与遏制腐败的斗争尚在继续

腐败现象是人类社会共同面临的问题，世界各国都不同程度地存在腐败现象，而绝不是中国仅有。正因为如此，2003 年 10 月 31 日第 58 届联合国大会全体会议审议通过了《联合国反腐败公约》，此公约于 2005 年 12 月 14 日正式生效。这是在联合国历史上第一个用于指导国际反腐败斗争的法律文件，对预防腐败、界定腐败犯罪、反腐败国际合作、非法资产追缴等问题进行了法律上的规范。中国十届全国人大常委会第十八次会议于 2005 年 10 月 27 日以全票通过决定，批准加入《联合国反腐败公约》。事实说明，腐败问题是世界性问题，反腐败是一项长期任务，腐败与遏制腐败的斗争还要长期存在。腐败行为既违反道德规范，又违反法律规范，解决这一问题，既要有长期的道德规范教育，又要有法律规范的强制性约束。

3. 欲望对权力的诱惑将长期存在

为什么国家制定的法律、法规、规章以及党纪政纪总有人违犯，哪怕三令五申、大量处理之后仍有人继续违犯，为什么腐败分子被绳之以法之后仍有人继续腐败，是由于欲望的诱惑和权力的使用可以融合起来，权力的运用可以满足欲望的实现。人的欲望是多种多样的，包括对金钱的欲望、物质享受的欲望、美色的欲望、精神满足的欲望，等等。人的理性和是非善恶的评价标准可以使欲望限定在符合道德规范和其他行为规范的要求之内，而一旦欲望膨胀到超出理性的范围和规范的约束，则违纪违规、违法犯罪的行为就会发生。现实中各种诱惑的大量存在，对于那些意志薄弱者会发生作用，腐败行为就会随之发生，而诱惑的长期存在决定了腐败行为的长期存在，反腐败的斗争必然是一项长期任务。

三、应坚持教育与强力措施相结合

（一）正确认识教育的有效性

树立正确的道德观，严格遵守道德规范，是对公职人员的基本要求。培养良好的职业操守，积极构建健康的精神家园[23]，是公职人员的基本追求。为督促公职人员遵守道德规范，增强自律性和自觉性，加强对公职人员的教育仍然十分必要。如果认为公职人员的文化层次较高，基本道理都懂，理解能力较强，没有必要教育，或者不加强教育的力度，就会犯极大的错误。公职人员的文化层次较高，接受理解能力较强是客观事实，但不等于他们真正理解了遵守道德规范的重要性，由于相互间的负面影响和现实欲望的诱惑，完全可能使一些公职人员忘记道德规范的约束，或者突破道德底线的制约，做出违反道德规范和其他行为规范的事情来。许多现实案例说明，那些违规违纪者、突破道德底线者，并非不知是非善恶，而是经受不住现实的诱惑。一经披露，悔之晚矣。如果经常教育，不断提醒，就可能起到抑制作用，避免公职人员误入歧途。应当不懈进行执政党的宗旨教育、民族复兴的历史使命教育、履行职责的现实意义教育，并运用公职人员中正反两方面的典型，经常提醒公职人员遵章守则，这是对公职人员的真正关心。

（二）要坚持教育与强力措施的结合

对公职人员的经常性教育是必要的，教育是会有效果的，但教育的效果又是有限的，仅仅靠教育不能解决所有问题。在加强教育的同时，还应辅之以强而有力的管理规范和制度措施，发挥社会管理和制度安排的强大教育功能，使道德教育和社会管理相互配合，相辅相成[24]。教育有作用，但教育属于一种"软"约束，不是万能的，一旦有人不接受教育，视教育为无用的说教，仍然我行我素，就应当运用制度规范的"硬"约束。坚持两手抓，两手都要硬，才能起到应有的效果。或许有人说，既然教育的作用有限，那就莫不如严格运用管理制度了，靠严管可以解决所有问题。这同样是错误的认识，应当注意到，实施有效的教育可以使大多数人接受并付之于行动，严格管理只适用于少部分不接受教育的人，既然教育有作用，还是应当首先发挥出教育的功能。

（三）要为遵守行为规范者创造发展的机会

对公职人员进行道德规范和其他行为规范的教育，应当发挥正面典型的作用，对遵守道德规范的典型不仅要进行大张旗鼓的宣传，还要在晋职晋级、提高待遇方面落实到位。使遵守道德规范者获得应有的肯定，违反道德规范者承受不利的后果。这种风气一旦形成，就会在公职人员中产生人人遵守道德规范、人人争做道德模范的局面，起到遏制违规违纪的作用。中共中央总书记习近平同志曾提出好干部的标准要忠诚干净担当，这既是干部选拔任用的基本标准，也是对公职人员的道德要求，对于达到这种要求的公职人员，就要提拔重用，违反这种要求的公职人员，就应当承担不利的后果，受到相应的处分。

第三节　公职人员道德状态的社会监督

一、重视对公职人员的内部监督

（一）建立良性的内部监督机制

1. 监督机构履行职责

在我国，针对国家各级各类机关、社会团体以及公职人员的监督体系是比较健全的，各类监督机构将监督职责履行到位是重要问题。

执政党的监督。中国共产党作为执政党，在党的各级机关均设有纪律检查委员会，这一机构的监督既包括对各级各类国家机关、社会团体贯彻执行党的路线方针政策的监督，也包括对党员干部违反各种行为规范、违纪违法行为的监督。当前许多腐败分子的处理，就是党的纪律检查委员会介入并调查实现的。

各级人大的监督。全国人大及其地方各级人大是国家权力机关，人民群众通过人大的作用实现对国家权力的行使，由人大产生行政机关、监察机关、司法机关等的负责人，并监督这些机关履行职责的情况。人大对由其产生的机关及其工作人员享有法定的监督权，人大应当行使这种权力，加大监督力度。

监察机关的监督。2018年的宪法修正案，正式设立了监察机关，包括国家监察委员会和地方各级监察委员会，这是国家为加大监察的力度，打击违纪违法行为，约束公职人员的行为而设立的专门机构。这一机构的设立，将会促使那些试图违反各种行为规范的公职人员认真遵守规则。

司法机关的监督。任何违法犯罪的行为都是违反社会主义道德规范的行为，对违法犯罪行为的制裁，本身就是对社会主义道德规范的认可和肯定。从这个意义上讲，司法机关的监督也是对道德规范等行为规范的监督。有效打击违法犯罪，遏制违法犯罪行为，尤其是遏制公职人员的腐败行为，对公职人员的道德建设是一种有力的支持。

上级机关对下级机关的监督。在我国各级各类国家机关中，上级机关对下级机关有直接领导的功能，或者指导、协调的功能，上级机关对下级机关的思想作风建设、道德规范建设负有直接责任。一方面，上级机关应当通过自己良好的思想作风和道德风貌为下级机关做出表率；另一方面，对下级机关及其工作人员的不良作风、违反道德规范要求的不当行为应当监督检查，及时制止，限期纠正，必要时采取组织措施加以解决，对违法犯罪者更不能姑息和迁就。中国的一句古语叫作"上梁不正下梁歪"，上级机关的表率作用非常重要，"打铁还需自身硬"。

2. 监督程序科学合理

在我国的司法实践中，强调程序正义与实体正义同等重要。在对公职人员的道德状况进行监督时，坚持程序的严格性同样不能忽略。如对违反道德规范的事实的认定，应当依照证据规则，准确客观地认定，不能凭主观臆断；应当允许当事人充分陈述和申辩，不能因为其有错就剥夺其申辩的权利；应当按照严格的程序进行处理，处理结果应当及时公布，既教育违反道德规范者本人，又教育其他公职人员引以为戒。监督处理的结果能让受监督者心悦诚服，又对其他人产生有益的教育应当是监督追求的目标。

3. 褒奖与处分双管齐下

对公职人员遵守道德规范的内部监督，既可以发现违反道德规范等行为规范的事实和人员，也可以发现严格遵守道德规范、践行社会主义核心价值观的优秀典型。因此，监督的结果既包括对违反道德规范行为的处理，也应当包括对遵守道德规范的先进典型给予肯定和奖励、提拔和重用，这两者同等重要，不能偏废。对公职人员遵守道德规范的监督，及时发现问题，准确处理问题，对表现不良的公职人员给予处分，是监督的重要任务，但不是唯一任务。发现先进典型予以褒奖，同样是监督过程中的一项重要任务。将两者结合起来，有肯定有否定，有表扬有批评，有奖励有处分，体现了内部监督的双效职能，有利于公职人员队伍的建设，鼓励公职人员认真履行为人民服务的宗旨。

（二）坚持内部监督的常抓不懈

1. 制度的价值在于落实

为促进公职人员的廉洁自律，避免和杜绝违反道德规范和其他行为规范，切实加强公职人员的队伍建设，各级各类国家机关分别出台规范性的制度规定。如《中国共产党廉洁自律准则》《中国共产党纪律处分条例》《国家公务员行为规范》《公职人员行为守则》《检察官职业行为基本规范（试行）》《法官行为规范》等，这些行为规范与国家法律、行政法规、行政规章相呼应，对约束公职人员的廉洁自律行为具有十分重要的作用。有制度是必要的，没有制度就没有遵循的依据，但仅有制度是不够的，有制度而不落实，则制度只是空架子，毫无实际意义，只有将制度落实于实际，发挥实际的规范和约束作用才能体现出制度的价值。人民群众衡量和评价制度的作用时，既要看有没有制度，更要看是不是真正落实了制度。

2. 坚持全面监督不留死角

公职人员分布于各级各类公务机关和某些社会团体，对于国家管理职能的实现发挥着各自的作用。对公职人员的监督应是全面的监督，凡是公职人员均应在监督的范围之内。首先，就人员范围而言，所有公职人员均应受到监督，不应有遗漏。目前的监督，往往重视热点岗位、重要机关或部门、群众反映强烈的意见比较集中的公职人员，其他公职人员可能受到忽略。实践证明，许多被忽略的机关或岗位的公职人员，披露出来的违反道德规范和其他行为规范，贪污腐败、违法犯罪的案例并不少，认为没有问题或问题不多的机关或岗位的公职人员，实际上问题并不少，全方位的、全面的监督仍然必要。其次，就时间而言，对公职人员的监督应当是全天候的监督，包括工作时间、非工作时间、离开工作区域的工作时间和非工作时间等，就是说，公职人员的所有活动空间都应受到监督。实践证明，公职人员违反道德规范等行为规范的行为，大都是在工作时间之外发生，时空上的全方位监督确有必要。再次，就具体事项而言，公事私事均应在监督范围，公事自不必说，私事也同样能反映公职人员遵守道德规范的情况，也应当受到监督，不应忽略。

3. 坚持长期监督不半途而废

对公职人员的监督不是一时的权宜之计，不是走过场，做表面文章，不是应付群众的呼声或领导的要求，而应当是长期的、不间断的监督。首先，从制度规范来看，任何制度的制定都有一个效力期间，只要制度没有废止或被其他制度取代，都是有效力的，都应当贯彻执行，中间不应有阶段性的停止使用。如《中国共产党廉洁自律准则》《国家公务员行为规范》将长期有效，应当不间断地执行。其次，从人的思想变化规律来看，人的思想，当然包括公职人员的思想不是固定不变的，大都处于发展变化之中，对公职人员的行为监督，不是一时一事的监督就万事大吉了，现实状况可能发生变化，或者由好到坏，或者由坏到好，长期不懈的监督才能树规范，立规矩，确立制度性规范的权威，形成遵守的自觉性。再次，从民族复兴的历史使命来看，中华民族的伟大复兴历史使命的完成，是一个长期的过程，为实现这一目标也需要长期的努力，不能间断和停留，我们做任何工作都需要长期坚持，直至成功。

4. 坚决惩治不良行为绝不手软

一种社会风气的形成需要一个过程，一个人道德品质的形成同样需要一个过程，中间发生的某些影响和制约因素，可能起到阻碍和制止的作用。对于公职人员中正在形成的某种风气，或者公职人员的思想正在发生的变化，正在向负面发展，如果发现得及时，干预得及时，就会起到制止的作用；如果没有及时发现，或者尽管发现了，但处理得不及时，不果断，不坚决，就可能使负面的问题蔓延和发展，造成不良影响或产生不良后果。对于公职人员中的不良风气或违反道德规范的不良行为，应当以负责任的态度和政治敏锐性，及时发现，及时确定和采取应对方案。在处理态度上一定坚决果断，绝不姑息，绝不迁就，绝不手软，使那些违规者充分得到思想上的触动、制度上的处分、发展上的限制。当然，对违规者的处理并不是不给出路，一棒子打死，只要能够深刻认识错误，下决心悔改，一定要给予改过自新的机会。而对于不知悔改，顽固坚持错误思想和行为的公职人员，必须采取组织措施，必要时将其清理出公职人员队伍。

二、重视对公职人员的社会监督

（一）重视人民群众的监督

1. 将人民群众的客观评价纳入对公职人员的考核

公职人员与管理、服务对象之间有直接接触，公职人员的工作态度、工作质量、工作效率如何，管理与服务对象有直接的感知，可以做出客观公正的评价。群众希望公职人员服务热情，细心周到，讲求效率，替群众着想，希望得到应有的尊重，群众最不希望看到的是"门难进，脸难看，话难听，事难办"，官僚主义作风严重，不拿群众的事当回事。为实现对公职人员的客观公正的考核与评价，应当重视倾听群众的意见，通过各种方式，多渠道了解群众的评价，将群众的评价纳入对公职人员的考核体系。当然，群众的评价不排除有片面之处，不排除有自身好恶的感情色彩，如果能多渠道了解群众意见，加之其他方面的考核，是能够实现客观公正的评价的。

2. 将人民群众的举报作为获取评价信息的重要渠道

公职人员的工作与生活的空间，大都被置于群众的视野之内，公职人员的违纪违法行为，大都被群众看在眼里，记在心中，但群众是否能积极举报，主动自觉地参与对公职人员的监督，则是由多种因素决定。首先，应当鼓励人民群众参政议政，关心国家机关的建设与发展，鼓励"多管闲事"的先进典型。其次，广开信息沟通的渠道，只要群众有检举、揭发的意愿，就可以通过各种渠道实现自己的想法，实现无障碍举报。再次，为防止公职人员的打击报复，保护群众参与举报的积极性，要做好对举报群众的保护工作，对其个人有关信息予以保密，使其无负担地参与举报活动。最后，应当对积极举报，有立功表现的人民群众给予必要的物质奖励，使其将这种积极性一直保持下去，也鼓励其他群众积极参与举报。每一位公职人员都能将自己置于群众的监督之下，会大大减少违纪违规的现象发生。

3. 将热点重点部门作为监督的重点

发动群众参与监督公职人员履行职责的情况，应当坚持点与面结合，重点与一般结合，尤其对那些手握实权，与群众生活密切相关的部门和岗位，应当作为动员群众参与监督的重点。重点部门和岗位的公职人员的工作态度、工作作风、工作效率如何，对社会的影响较大，其表现具有广泛的代表性，是群众关注的热点，这些部门和岗位的公职人员最易忘乎所以，最易养成官僚主义作风，最易违反道德规范等各种行为规范，加强对重点部门和岗位的公职人员的社会监督，有利于抑制不良风气，促进廉政建设。

4. 将违规处理及时通报人民群众

为鼓励人民群众参与对公职人员的社会监督，对人民群众提出的意见和举报的案件，应当及时做出处理，并将处理信息及时反馈群众，让群众看到自己提出的意见受到了充分的重视，反映的问题得到了快速解决，进而起到鼓励群众参与社会监督的积极性。否则，群众提出的意见和举报的问题长期得不到解决，群众长期不知道所提意见的处理结果，使之感到所提意见并未受到应有的重视，就会影响群众参与社会监督的积极性。群众提意见的渠道要畅通，处理群众意见的信息反馈渠道也要畅通，坚持双渠道的畅通，才能使人民群众的社会监督不断地持续下去，发挥对公职人员应有的监督作用。

（二）重视媒体的监督

1. 媒体的广泛性决定监督的多渠道

在对公职人员的社会监督中，媒体的监督成了人们关注和重视的重要方式，成了人们便于利用的方式之一，也是各级各类国家机关获取监督信息的重要途径。当人类进入信息化时代，中国的信息化程度并不落后于发达国家。目前除广播、电视、报纸、杂志等传统媒体之外，网络媒体的普及已经达到相当的程度，截至 2017 年 12 月，我国网民数量已达 7.72 亿人，普及率达到 55.8%，超过全球平均水平（51.7%）4.1 个百分点，超过亚洲平均水平（46.7%）9.1 个百分点，网络媒体的普及使信息快速而广泛地传播，影响之大前所未有。传统媒体和现代网络媒体的普及和发展，使得对公职人员履行职责状况的监督增加了渠道，加大了力度。我国当下一些公职人员违纪违规的案例，有许多是媒体披露信息而被调查和处理，媒体的监督已经成了不可替代的监督方式。之所以如此，是因为媒体传播速度快，迅速为公众所知，尤其是网络媒体，一条信息可以在瞬间被传播到四面八方，进而引起社会的广泛关注。

2. 媒体信息的及时性决定监督的高效率

现代媒体传播的速度之快令人惊讶，特别是令人关注的信息一旦出现，通过人们的手机可以快速扩散，在社会上四处传播。有些信息可以成为人们关注的焦点，有些信息可以煽动起群体情绪，引发群体性事件。从对公职人员监督的角度来看，只要有公职人员出现特殊情况，无论是正面的还是反面的，都会被迅速传播，目前在网上经常出现一些官员的不雅视频，一经传播就迅速被社会所公知，这些媒体信息的及时性往往使得监督也快速实现，迅速调查核实，迅速做出处理，迅速在网上公布。因为如果监督不能快速反应，就会使信息传播蔓延，产生极其不良的社会后果，从这一意义上讲，网络信息的快速传播，也促进监督的高效率。

3. 媒体信息的鉴别决定监督的准确性

大家知道，网络媒体传播的信息中，往往真假参半，对于不知真相者，会产生误导的作用。有人正是运用这一点，试图达到愚弄群众、混淆是非的目的。对于公职人员的监督或评价，也经常出现真假难辨的信息。因此，对于网络媒体上的信息，应当用严肃认真的态度和负责任的求实精神，运用科学的方法和手段，快速介入调查，快速确定事实真相，快速做出结论，快速向社会公布。可以认为，媒体的反应速度提高，促进了监督效率的提高，这也是社会发展进步的体现。各级各类国家机关为适应这种客观形势，应当培养专门的人员来应对这种新形势。

4. 发挥媒体的监督作用不应动摇

现代信息技术为各类媒体的信息传播提供了技术手段，各种媒体的竞争发展为各种信息传播创造了前所未有的条件，这是一种无法阻挡的趋势。尽管媒体信息良莠混杂，真假难辨，但从监督的角度来讲，不可不信，不能全信，需要去伪存真，科学认定。毫无疑问，媒体的信息提供了实施监督的切入点和依据，应当有效利用。针对当前的实际情况，既要通过教育和科学管理，尽量减少错误和不良信息的传播，又要鼓励人们通过现代媒体，披露公职人员违反道德规范和其他行为规范的行为，为开展监督活动提供线索、提供依据，使社会监督更加完善。

第五章 树立道德楷模，弘扬和褒奖
道德模范人物

　　一个社会的道德规范建设，首先要确定具体的道德规范内容，以此为标准对人们的行为进行评价，褒奖和颂扬遵守道德规范的先进典型，谴责和批评违背道德规范的人和事。其中，褒奖道德模范，颂扬道德模范的先进事迹，倡导全社会向这些人学习，对于鼓励先进，弘扬正气，形成良好的社会风气，具有非常重要的意义。在当代中国社会，市场经济体制下的思想观念和价值观发生了史无前例的变化，道德规范建设面临着前所未有的考验，在此历史背景下，树立道德楷模，宣传道德模范的先进事迹，褒奖道德模范人物，具有重要的现实意义。在道德规范建设过程中，在弘扬和褒奖道德模范人物方面，国家和社会应当担负起这一责任。

第一节　正确理解社会成员道德素养的差异性

一、道德素养是人的最基本的素养

（一）人的素养是评价人的重要指标

1. 人的素养是一个人的综合标识

　　所谓素养，是针对社会个体成员而言的，指一个人在参与某项工作、从事某项活动时应具备的素质与修养。它是指一个人在品德、知识、才能和体格等方面，或者德智体美等方面，先天的条件和后天的学习、锻炼的综合结果。素养既与先天性的条件有关，如秉性、体质的遗传对人的素养有影响，又与后天的学习、锻炼有关，即使先天条件相同或相似，由于后天的学习和锻炼的程度不同，其素养也会有很大的不同。那么，先天条件和后天条件何者重要？应当认为，后天条件更为重要，一个刻苦努力学习的人，历经艰苦磨炼的人，重视自身修养的人，往往可以弥补先天的不足，比先天条件好的人创造出更大的业绩。先天条件再好，不努力进取，坐等事业的成功，反而不可能成功。将先天的优越条件与后天的积极努力结合起来，才容易出成果，创造业绩。

2. 人的素养由多种要素构成

人的素养包括多种要素，或者说由多种要素构成，如道德素养、知识素养、能力素养、体质素养、政治素养、文化素养等，这些素养综合起来，构成了一个人的综合素养。一个完整的现代人，应当具有良好的综合素养，各种素养都保持在一种良好的状态。现实对现代人的要求，也是德智体美全面发展，完善综合素质，具备良好的综合素养。良好的综合素养尽管与先天条件有一定的关系，但最主要的还是靠后天的努力，对素养的完善越努力，越自觉主动，素养提升的水平就会越高。素养是否全面完整，要看一个人的认知和努力程度，道德素养高不一定知识素养也高，能力素养高不一定政治素养也高，而只有其一，没有其二，素养有缺陷，是与现代人的要求背道而驰的。

3. 有什么素养就有什么人生

素养与一个人的人生追求、人生价值密切相关。综合素养高，主观的努力加之客观环境的认可，往往可以成就一个人完成预定的目标和宏伟的事业，充分实现自己的人生价值；综合素养低，难以探寻到人生发展的目标，很可能在现实中处处碰壁，很难获得成功，很难有较大的作为；素养全面，既是现实社会的要求，又是一个人自我完善的目标，在一个群体或社会之中，素养全面才能为群体接纳，获得群体的支持，才能成就自己的事业；素养有缺陷，某一方面素养很高，另一方面的素养很低，如能力素养很高、政治素养很低，知识素养很高、道德素养很低，则很难成就伟大的事业，乃至一事无成，甚至偏离正确的人生轨道，一旦如此，一些人很容易怨天尤人，总感到怀才不遇。从某种意义上讲，有什么样的素养就有什么样的人生。

（二）道德素养居于基础和引领的地位

1. 人的成长过程中各种素养的养成应当协调一致

如前所述，综合素养的完善程度可以决定一个人一生的成就与作为，因此，加强综合素养的完善非常重要。一方面，国家和社会，尤其是承担培养教育任务的各级各类学校，应当通过社会的倡导，通过教育方针的贯彻落实，通过社会制度的建设和运行，形成一种培养人、衡量和选拔人才的良好社会机制，也形成一种强大的社会舆论，告知社会成员一个确定的事实：综合素养高的人才能适应社会的要求，才能有所作为，素养的缺陷为社会所排斥，不能适应社会的要求，难以有所作为。另一方面，作为社会个体成员，必须深刻认识到完善综合素养的重要性和迫切性，积极主动地接受提升综合素养的教育，加强自身的学习和锻炼，甚至主动接受艰苦生活的磨炼，坚持全面提升自己，成为社会的有用之才。

2. 道德素养处于各素养之首

人的素养由多种要素组成，各要素之间也有不同程度的关联，其中处于各要素之首的是道德素养。我国的现行教育方针中表述为使受教育者在德智体美诸方面全面发展，确定德为其首。我国唐代思想家、哲学家韩愈曾提出教育要"传道、授业、解惑"，其中处于首要位置的"传道"即是使学生了解社会与自然的发展规律，懂得做人的准则，养成良好的人格品质，形成正确的世界观、人生观、价值观。古今中外的教育中，都重视德的教育，引导受教育者形成良好的道德品质。同样，对于社会个体成员而言，对其要求和评价的综合素养中，"德"均处于基本的、首要的位置。之所以如此，是因为道德素养是做人的基础，是引领人的行为的指导思想，这一素养是其他素养不能代替的。一旦没有道德素养的引领，人生就失去了基本的动力和前进的方向，甚至可能误入歧途。如有人有很强的业务能力，有科技前沿的重大发明创造，能增进国家利益和人类利益。但仅为了个人的利益的实现，将发明创造用于不该用的国家，不该用的领域，从而危害了国家利益，危害了人类的利益，这就会犯重大的原则错误。

3. 道德素养的形成过程与社会环境密切相关

道德素养的完善与形成过程是一个复杂的渐进过程，既与人的主观因素、先天条件有关，又与客观环境有关。不同的人在基本相同的环境下生活、成长，其道德素养仍有区别，说明主观因素的重要性，同一个人，在不同的时期、不同的客观环境下，其道德素养也会有所不同，说明客观环境的重要性，单独或片面地强调某一方面的作用都是错误的。目前，在我国道德素养的完善与培养中，有人忽略市场经济体制下客观环境的影响，或者脱离客观环境讲道德建设，则往往事与愿违。

二、道德素养的个体差异性客观存在

（一）不同的人不同的群体存在道德素养的差异

1. 人的道德素养通过人的行为来体现

一个人的内在的道德素养，往往通过其外在的行为表现来体现，道德素养的高与低，可以通过其行为表现来验证。当然，也不能排除个别情况，就是通过外在行为的假象，将其内在的道德素养的真实状态掩饰起来，看似道德素养很高尚，实则很卑劣。但假的就是假的，假装出来的迟早会暴露真实面目，而且试图进行这种装饰的人毕竟是少数。还应注意到，有些装出来的行为、虚假的行为也随时可能被揭穿。如一些腐败分子表面上大讲反腐败，实则肆无忌惮地大搞腐败，这样的作为，或者在表里不一的过程中被发现和揭发，或者经组织调查后被揭露，但想长期掩饰是很难的。

2. 不同人的不同行为表现展示了个体道德素养的差异

可以认为，在一个社会或群体中，人们的行为千差万别，各不相同，所展现的道德素养也是各有不同，有人道德素养很高，有人一般，有人较差，反映了道德素养的个体差异。就如同物质生活有富裕与匮乏之分，精神生活、道德素养也有高级与低级之分[25]。首先，道德素养的高低是一个相对的概念，不同的时期、不同的历史环境，评价的标准是不同的，随着社会的发展和人们道德素养的提升，评价的标准也会随之提高。其次，人的思想观念，人的世界观人生观价值观，人的道德素养在任何时候都不可能整齐划一，有差别是正常情况，只要人类社会存在，这种差异就会存在，不可能完全消除。道德建设的任务就是永不停息地以高水平为榜样和标杆，促进和带动人们不断进步。

（二）道德素养差异的客观原因

1. 不同的成长环境会产生截然不同的影响

不同的环境之下对人的道德素养的形成具有直接的影响，脱离现实的环境谈一个人道德素养的形成没有意义，真空中形成的道德素养不可能经受住现实的考验，非真实环境下形成的道德素养也会有明显的缺陷。首先，从一个人道德素养形成的纵向过程来看，不同的阶段、不同的时期、不同的客观环境，会使一个人道德素养受到不同的影响，可能使道德素养逐步强化，逐渐巩固，趋于成熟，也可能发生变化，出现反复，甚至截然相反，发生颠覆性变化。如在学校教育中形成的道德素养，经历一段社会生活的实践之后，会有不同程度的变化。其次，从不同的个体成员在同一时间点上的不同环境影响来看，或者说从横向比较来看，由于从事不同的活动，接触不同的人和事，对不同个体成员的社会影响可能截然不同，导致不同个体成员形成不同的道德素养。

2. 正面教育的作用不可轻视

人的道德素养的形成有一个过程，中间由于不同因素的影响，可能发生某些变化，而非一成不变，当然可能向好的方面转化，也可能向不好的方面转化。这恰好说明教育的重要性，说明社会倡导和鼓励的重要性，加强道德素养教育要长期坚持，常抓不懈。教育过程中，对于那些有良好道德素养基础的人，通过接续教育，使之得到巩固和强化，坚持既定的发展方向，进一步完善；对于那些有某种缺陷和不足的人，通过教育使之克服不足，弥补缺陷，形成符合社会需要的良好道德素养。从这一意义上讲，坚持和加强教育非常重要，不是可有可无，不能有所放松或取消。

（三）倡导高尚道德素养是国家与社会的责任

1. 国家与社会的肯定和倡导

国家的建设与发展需要素质全面、素养良好的社会成员，综合素养好、奉献精神强的社会成员越多，国家设定的发展目标越容易实现。我国实现"两个一百年"的奋斗目标，现实中华民族伟大复兴的中国梦，需要全国人民的参与，需要道德素养高尚的人民群众的奋斗，需要后继接班人的承前启后，从国家的层面加强道德建设，培养有良好道德素养的公民，是一项战略任务，是需要从现在做起的紧迫任务。改革开放以来，特别是近些年来，我国非常重视思想文化建设，重视道德规范建设，努力构建社会主义核心价值观，就是充分认识到这一工作的重要性而有所作为的表现。

2. 国家与社会的宣传和奖励

整个社会的道德建设，应同经济建设、政治建设、生态文明建设协调起来，实现社会的和谐发展，在国家实现现代化、实现民族复兴的同时，使道德建设也上一个新台阶。首先，国家重视和实施道德建设，能够动员社会各阶层、各社会群体积极参与，实现道德规范教育的全覆盖。其次，发挥各种国家机器的作用，在教育的力度、强度上有基本保证，有利于实现既定目标。最后，依我国现有的经济实力来看，由于多年来经济的高速度发展，国力的增强，国家的物质条件可以实现人财物的投入，保证道德规范教育的基本物质需求。

三、道德素养的养成需要主客观条件的适宜

（一）道德素养养成的客观方面

1. 和谐的人际关系

影响道德素养形成的客观因素很多，如人际关系、社会风气、榜样的示范等。就人际关系而言，如果人际关系和谐，人与人之间能相互关心，相互帮助，相互谦让，在这样的环境中成长和发展，就有利于养成良好的道德素养，形成健全的人格，如果人与人之间唯利是图、尔虞我诈、明争暗斗、相互疏远，那么可能养成有缺陷的道德素养，形成不健康的人格。虽然在市场经济体制形成过程中，对传统的人际关系造成了一定程度的冲击，但新型的和谐的人际关系仍然可以在新环境下构建，当下我国的一些地区、一些部门就形成了较和谐的人际关系，优良的传统道德并没有因为市场经济而被抛弃，就是很好的证明。当然，要用发展的眼光，用创新的精神来看待新时代的道德规范建设，不能固守过去的评价标准和思维方式，社会发展要开拓创新，道德规范建设也要开拓创新。

2. 良好的社会风气

所谓社会风气，是诸多要素的综合体，指在社会上或者某一群

体内，在某一阶段或时期内所形成的或流行的某些观念、爱好、习惯、传统、行为，是社会的政治、经济、文化和道德等的综合体现。不同的人对社会风气好与差的评价标准是不同的，也可能是截然相反的。一般认为，个人与他人、个人与群体、个人与社会的关系状况是评价社会风气的重要指标。社会风气看似无影无声，却如影随形，潜移默化，对社会的发展产生巨大的推动作用，好的社会风气能促进社会的发展，差的社会风气能阻碍社会的发展。社会风气包含道德要素和其他要素，但无论是道德要素还是其他要素，对社会个体成员的道德素养的形成都会产生相应的影响。倡导和形成良好的社会风气，符合中国特色社会主义新时代要求，符合道德素养培养的基本要求。

3. 榜样的示范作用

在社会生活中，在群体活动中，人们的从众心理是一个普遍现象，人们之间的相互影响、相互模仿是客观存在的。这种相互影响，可能是正面影响，也可能是负面影响，正面影响有利于社会的发展进步，负面影响则不利于社会的发展进步，因此，无论是正面的榜样还是负面的典型，都会对社会的发展产生作用。我国当前的道德规范建设，社会个体成员的道德素养培养，能发挥正面典型的作用，树立道德楷模，确立人们学习的标杆，是非常重要的方式。道德楷模，如新时代的雷锋郭明义，尽管是我们身边的一个普通人，却做出了不平凡的感人事迹，这样的榜样为人们所知、所学，能够形成催人奋进的正能量。

（二）道德素养养成的主观方面

1. 重视自身的道德修养

所谓道德修养，是指社会个体成员以一定的理想人格为目标，在意识和行为方面进行的道德上的自我锻炼，以及由此所达到的道德境界。每个人对道德修养的理解不同，自我修炼的程度不同，其道德修养的水准也不同。道德修养的水准较高，参与群体活动或社会活动就会表现出良好的自律性、自觉性，言行得体，善解他人，有良好的群体意识和社会责任，会受到他人和群体的认可和欢迎。道德修养的水准较低，就会与此相反，难以融入集体，难以被群体接纳。中华民族伟大复兴的中国梦的实现，需要一代高素质的接班人，需要道德修养良好的接班人，他们应当对前行的目标明确，舍己为人，为整体利益的实现不惜放弃个人利益，具有良好的团队精神和奉献精神。

2. 重视学习他人的优良道德品质

一个注重内在修养的人，会注意观察周围的人的思想状况和行为表现，善于发现他人身上的闪光点，虚心向他人学习。人的发展进步，自身道德修养的完善，学习和借鉴他人是重要方式。或许可以说，每个人身上都有优缺点，善于发现别人的优点，借鉴和学习这些优点，对于完善人格，加强道德修养，十分重要。注重自身道德修养的人，就应该是善于学习别人优点和长处的人，善于集众长于一身。如果总是自以为是，总认为别人不如自己，不能虚心向别人学习和借鉴，则很不利于自身道德修养的提升，或者可以认为，这样的人的道德修养本身就存在缺陷和不足。

3. 重视向社会和他人展现良好的品行

一个人道德修养的锻炼要面向实践，一方面是体现实践的锻炼和养成，另一方面是通过社会实践展现自己良好的道德风貌。社会实践是一个人成长进步的重要途径，其能力和水平要经过实践的检验，也要在实践中锻炼和提高，其中道德修养的锻炼和完善，同样需要经过社会实践。任何轻视实践，排斥实践，否定社会实践作用的认识都不可取。社会实践可以锻炼人，艰苦的实践更可以磨炼人的意志，许多有重大成就的人就是在社会实践中打拼出来的。同时，社会实践也是展示人的素质和能力的舞台，一个人的素质和能力究竟怎样，道德修养的水准如何，只有经过社会实践的检验才能展现出来。

（三）努力实现主观方面与客观方面的统一

1. 道德素养的养成需要主客观条件的统一

如前所述，一个人道德修养的学习和锻炼，既需要一定的主观条件，也离不开一定的客观条件，两者的统一是道德修养的必备条件，缺一不可。从社会个体成员的角度来说，既要重视自身的学习和锻炼，又要重视从客观环境中汲取营养，向社会和他人学习。从国家和社会的角度来说，既要重视和加强道德规范建设，倡导人们加强道德修养的锻炼和提高，又要大力改善社会环境，构建和谐文明的人际关系，为人们提升道德修养的水准创造良好的外部条件。外部环境不理想，不能得到很好的改善，要求人们道德修养的提升是很难的。

2. 主观努力是第一位的

关于客观因素与主观因素的关系，前面有所述及，一个人道德素养的养成，客观因素与主观因素都十分重要，缺一不可。但同样或者相似的客观环境，不同人的道德素养仍有不同，说明主观因素的决定性作用。既然如此，强调和倡导人们重视和加强道德修养，采取措施鼓励人们注重提高内在素养，应是国家与社会的一项任务。对于个体成员而言，应当选择正确的成长道路，积极融入社会与群体，了解社会实践，加强实践锻炼，向人民群众学习，磨炼意志品质，培养符合时代要求的道德素养。一个人道德素养的养成，需要一个艰苦努力的过程，需要放弃安逸与享乐，正所谓"不吃苦中苦，难得甜中甜"。

第二节　高尚的道德素养是社会发展的积极动力

一、高尚的道德素养对个体与群体同等重要

（一）高尚的道德素养是实现个体价值的重要保证

1. 道德素养是人的综合素养的重要构成部分

如前所述，人的素养包括知识素养、能力素养、文化素养、道德素养等，其中道德素养处于基础和引领的位置，是综合素养的重要组成部分。对于道德素养的作用，某些人存有偏见，如有人认为道德无用，市场经济不需要道德；有人认为道德可有可无，充其量处于辅助或次要地位等。这些偏见不利于个体的道德素养的养成，依此形成的人的素养是不健全的，长期延续此种状态，对整个社会的道德规范建设会产生不利影响。

2. 对当今社会有大贡献的人都是道德素养良好的人

一个人无论从事什么社会工作，参与什么群体活动，都要展现出道德素养的状态，不管他的道德素养如何，不管他是否想展现道德素养的状态，其言行举止必然反映其道德素养的水准。总结成功人士的经验，那些事业有成，对国家和社会做出较大贡献的人，大都是道德素养良好的人，这些人忠诚于事业，廉洁自律，甘于寂寞，不懈追求，勇于奉献，反映出良好的道德素养，因此取得超出一般人的业绩。道德素养较差的人由于不具备这些优良的特质，很难有所作为。还有的人将自己的真实面目伪装起来，当面一套，背后一套，阳奉阴违，口是心非，可能一时能蒙蔽一些人，但经不住时间的检验，迟早会暴露出真实的面目。总之，可以认为，道德素养水准不是装出来的，装出来的迟早会暴露，加强道德素养锻炼是一个长期修炼的过程，来不得半点虚伪和隐瞒。

3. 实现人生价值应当加强道德素养的培养

既然如此，如果谁想要使自己的人生有所作为，谁想要使自己的理想变成现实，谁想要使自己的人生价值充分展示，最首要的问题是加强道德素养的锻炼和培养，不能有任何的疏忽和轻视。要明确道德素养的基本要求，进行全面的锻炼和提高。要明确培养道德素养的正确路径，坚持与社会实践结合，与人民群众结合，不回避艰苦环境的磨炼，力戒贪图安逸与享乐。要不断总结与反思，清除不健康的思想观念。要借鉴和学习道德楷模的高尚情操，树立高尚的道德标准。长期坚持，必有收获，持之以恒，修炼必成。

（二）良好的道德素养是群体实现社会价值的需要

1. 不同的社会群体反映出不同的道德素养

道德素养一般体现于社会个体成员，是针对个体成员进行素养评价的一个指标。而现实的社会生活实践中，不同的社会群体也可以反映出道德素养的差别。前面的相关章节中曾探讨过青少年的道德规范建设和公职人员的道德建设，这也是针对群体而言的。我国目前有许多的社会生活领域，可分为诸多的社会群体，如工人、农民、知识分子、干部（公职人员）、军人、私营业主、个体经营者、学生等，这些社会群体因其工作环境不同，受教育的程度不同，社会经历和社会角色不同，在道德素养方面也有所差别。当然，每一个群体中都有道德高尚者，也有道德卑劣者，不能仅用群体差别来评价，但不容否定的是不同群体的道德素养的差别性，注意到这样的问题，有利于研究群体的不同特点，有针对性地进行道德规范建设，提高人们的道德素养水平。

2. 社会需要道德素养好的群体

应当说，社会既需要道德素养好的个体成员，也需要道德素养好的群体，从某种意义上讲，群体的作用、群体对社会的影响要大于个体成员。人民解放军群体的道德素养和社会作用便为人们所公认，这个群体一切服从人民的需要，哪里有危险，哪里有急需，就毫不犹豫地冲向哪里，甘愿为人民的利益无私奉献。其他群体也都有自己的特点，发扬群体优势，做出道德表率，是每个群体都应当努力争取的。

道德素养好的群体蕴含着为社会做贡献的巨大潜力，当社会需要时，在各种考验面前，道德素养好的群体就能适应需求，冲得上去，做出其他群体不能完成的业绩。因此，加强群体的道德建设，注重群体道德素养的完善，不仅是需要的，而且是必需的。

3. 在具有良好道德素养的群体中进步

不同社会群体的道德规范建设的程度不同，对个体成员的道德素养的要求有所不同，个体成员在群体中所受到的熏陶和影响就会不同。群体的道德素养程度会影响到个体，个体成员的道德素养状况也决定了群体的道德素养水平。因此，一方面，要采取得力措施加强群体的道德规范建设，对群体中的个体成员提出要求，经常对照、检查、总结，促使个体成员道德素养的进步；另一方面，每个个体成员要树立集体荣誉感，从关心爱护集体的视野来加强自身的道德素养锻炼，承担起维护群体道德素养的责任。只要群体中的大多数成员有这样的责任和担当，这个群体的道德规范建设就会取得进展。

（三）个体与群体之间需要积极、正面的相互影响

1. 基于道德素养层面的个体与群体的关系

个体是群体中的一员，群体由若干个体组成，群体不可能将其

成员之一切割或排除在外，个体成员也不可能在群体中单独作为，置群体或其他成员于不顾，群体与个体之间相互影响，关系密切。从道德素养的层面来看，群体的道德素养要通过一个一个的个体成员的言行举止来体现，个体成员的行为表现和道德风貌是群体之一，又代表了群体的状态。如果谁说自己的道德素养与群体无关，不仅是胡说八道，更是没有对群体的责任担当。现实当中，干部群体中出现个别腐败分子，直接导致人们对干部群体的负面评价，教师群体中出现个别教师的不良表现，直接导致人们对教师群体的负面评价，说明个人的表现代表群体，想排除于群体之外是不可能的。

2. 个体应当积极争当群体的先进分子

就不同群体的道德素养的评价来看，道德素养的水准是有差别的，同时应注意到，任何一个群体的不同成员之间，道德素养的水准同样有差别，在任何一个群体中，都需要道德先进分子、标兵和骨干发挥积极的带头引领作用，先进带后进，提升总体的道德素养水准。因此，对于每一个个体成员而言，应当积极争当道德规范建设的先进分子，勇于发挥积极的带头作用，严以律己，热心帮助他人，出色完成本职工作，成为群体的道德楷模。一个群体中，这样的人越多，越有利于群体的道德规范建设。从群体的角度应当采取各种措施，鼓励和支持道德规范建设的先进分子，使之被肯定，有地位，有待遇，成为他人学习的榜样。

3. 群体应当关心和带动每一个个体成员

群体鼓励和支持先进分子的目的在于，树立样板，使他人学有榜样，使先进带后进，实现共同进步，共同发展。为此，在鼓励和支持先进的同时，应当关心每一位成员的发展和进步，对于那些积极性不高、动力不强、不求进步的人，对于那些安于现状、我行我素的人，对于那些曾犯过错误、有过瑕疵的人，只要还是群体成员，还没有退群，就应当热心帮助，鼓励进取，放下包袱，争当先进。人的世界观人生观价值观是不同的，人的道德素养的水准是不同的，但人的思想是可变的，经过一定的外力作用是可以发生转变的，科学有效的工作是能够促进人的思想变化的。

二、社会向高水平发展需要社会成员道德素养的整体提高

（一）道德发展进步的历史规律

1. 道德的历史发展总体上是进步的

道德产生于原始社会，当人与人之间的社会关系形成之际，就是道德规范产生之时，因为只要有群体存在，对人们的行为的善恶是非就可以进行评价，行善去恶是人们的普遍性追求，道德规范就发挥了对人们的行为的约束作用。随着社会的发展进步，道德也随之发展进步。人类社会发展至今，经历了原始社会、奴隶社会、封建社会、资本主义社会、社会主义社会，也就有了原始社会道德、奴隶社会道德、封建社会道德、资本主义社会道德、社会主义社会道德。当下的道德规范建设，学科研究水平越来越高，道德规范内容的层次越来越高，道德规范所涉领域越来越广泛，道德规范对人们的约束作用越来越强。

2. 道德的历史发展与社会经济、政治、文化的发展大体一致

社会的经济、政治、文化的发展就其纵向的历史过程来看，尽管总体上是进步的，但仍有个别倒退的时期，道德的历史发展同样如此，即不排除某一时期倒退的情况发生。问题是这两者是否完全重合？客观的分析和评价可以得出的结论是，两者不一定完全重合，有时社会发展进步了，道德也有倒退的可能，有时社会倒退了，道德也有进步的可能。但总体上道德的发展与进步同社会的发展与进步大体上是一致的，因为总体上要遵循的规律是，经济基础决定上层建筑和社会意识形态，社会的经济基础的发展状况决定道德建设的进展。目前我国经济与社会的发展与进步举世公认，但社会道德状况究竟是进步还是退步？有人认为是进步，有人认为是退步，如"道德滑坡"论、"市场经济与道德建设对立"论等。可以认为，目前出现的某些争议是可以理解的，但简单的结论不一定能成立，有些问题将随着社会的发展逐渐清晰。

（二）人类社会发展的总趋势是走向进步和文明

1. 人类社会的发展曲折前行

人类社会的发展，既有按照自然属性发展进化的过程，也有遵循社会发展规律不断发展的过程，虽然从古至今人类发展的总趋势

是不断进步，趋向文明，但发展过程也充满曲折，甚至倒退。纵观人类社会的发展史，文明与进步会给人类带来欣欣向荣，充满生机，停滞和倒退常常给人类带来痛苦和灾难。人类社会的倒退可能来自自然灾害，也可能来自人类自身。自然灾害包括行星陨落、火山爆发、各种瘟疫、地震与海啸等，人类自身造成的倒退如战争、暴乱、毁灭种族等，自然灾害大都无法避免，而人类自身造成的倒退应当由人类自己负责。

2. 人类社会发展的总趋势必将是进步的

人类社会发展至今，总体上讲是进步和趋向文明的，面向未来也必然是发展进步的，因为趋利避害是人类的共同追求，人类社会本身造成的灾难作为一种教训，人类社会会不断总结和记取，避免重复犯错误是人们的共同希望。近代人类社会发生的两次世界大战，造成了无数人的死伤，摧毁了无法计量的财富，给人类社会带来了无穷的灾难。今天的人们仍然没有完全摆脱由此造成的痛苦，深挖战争的根源，以便今后引以为戒。当然，这并不表明今后就没有考验和风险，一些国家争霸世界，试图建立以自己标准衡量的世界秩序，一些国家竞争发展大规模杀伤性武器，随时威胁世界和平和人类安全。维护世界和平是全世界人民的义务，应当共同承担起责任。

（三）中华民族伟大复兴将与人类社会的发展同步

1. 中华民族伟大复兴面临各种考验

曾经遭受过苦难的中华民族会更加珍惜今天的发展成就，又不会满足于此，会向着民族的强大、民族的振兴而继续奋斗。面向未来的奋斗又不会一帆风顺，要克服一个个困难，解决一个个难题而实现目标。

从宏观上、整体上讲，来自内外两大方面的考验需要应对和解决。首先，外来势力对中国的战略遏制会不同程度地阻碍中国的发展速度。如美国已明白无误地将中国视为战略对手，视为能够挑战其霸主地位的国家，在南海问题上对中国发起挑战，通过提高关税遏制中国经济的进展，利用台湾的"台独"势力挑战一个中国原则，给中国的和平发展制造麻烦。在涉及国家根本利益问题上，中国没有退让的选择，只能勇敢面对挑战，同时又要运用中国智慧和中国方式，避免矛盾升级到战争的发生。中国近代史说明，中国不惧怕任何强敌，敢于面对各种挑战，但为了创造和平发展的环境，实现民族复兴的总目标，还要排除各种干扰，向着既定的目标前进。还应注意到，尽管美国与其他西方国家存在着各种各样的矛盾，如因为提高关税而产生的摩擦，但整个西方世界在大的战略上对中国的态度基本一致，分化他们的可能性非常小。这就是要面临的外部环境。其次，中国发展过程中的内部深层次问题需要解决，深化改革的任务繁重。如发展的不平衡问题，执政能力与发展相适应的问题，经济发展中的瓶颈破解问题，科技创新与人才培养问题，等等，这些问题在考验着执政党的领导能力，国家的宏观治理能力，社会的和谐稳定等，不同程度地影响民族复兴的进程。

2. 中华民族伟大复兴不可阻挡

尽管民族复兴中面临着各种各样的考验，因为各种干扰和影响可能制约民族复兴的进展速度，但总体上讲，中华民族伟大复兴的历史步伐是任何人都无法阻挡的，哪怕发生不可避免的战争，哪怕发生内部矛盾的激化和冲突，哪怕出现重大的、类似于2008年四川汶川地区地震那样的巨大自然灾害，都不能改变民族复兴的趋势，不能改变中华民族的发展。因为具有悠久历史和文化传统的中国人民具有自强不息的品格，因为中国近代史的屈辱和水深火热，中国人民会铭记在心，因为站起来、富起来、强起来的中国人民会万分珍惜所取得的发展成果，因为面向未来的创造精神会激励中国人民不会止步。

3. 中华民族伟大复兴有利于人类社会的进步

中国是世界各国的重要一员，中国发展的状况如何，具有很强的代表性，在某种意义上反映着人类的发展情况。在人类历史的发展中，中国的发展应当与人类同步，中国的发展速度反映着人类的发展速度。如果中国发展迟缓，可能拖累整个人类的发展，中国的发展快速进步，甚至突飞猛进，就会带动整个人类社会的快速发展。中国若承担起促进人类社会发展的责任，就应当克服困难，加快发展。中华民族伟大复兴的中国梦的实现，不仅对中华民族，也是中国为人类社会的发展做贡献的体现。任何对人类发展负责的人，都应当乐见中国的发展，鼓励支持中国的发展，那些试图遏制中国发展的人，伤害的不仅是中国和中国人民，而是对整个人类社会进步的伤害。因一己之私而如此作为，是极不负责任的。

（四）道德水准的提升既是民族复兴的标志又是推动力

1. 民族复兴包括道德水准的提升

中华民族的伟大复兴，近期的目标是"两个一百年"的奋斗目标，到 21 世纪中叶将我国建设成富强、民主、文明、和谐的现代化国家。这一目标中，经济发展固然是重要的标准，但不是唯一的标准，还要有政治的、社会的、文化的、生态的进步，还要有人的思想觉悟、精神状态、道德水准的全面提升。中华民族伟大复兴之日，也是全民族道德水准大大提升之时。民族复兴过程中，道德规范建设不是可有可无，不应受到忽略，必须大力加强。从另一个角度说，没有道德水准的提升，没有精神文明水平的提高，民族复兴是不完整的，或者算不上是真正的民族复兴。当我们把经济的发展、物质生活水平的提高作为社会发展的重要指标时，不应忘记这一基本点。

2. 道德水准的提升为民族复兴提供推动力

将道德水准的提升作为民族复兴的重要内容之一，是理所当然的，但仅此理解又是不够的，道德水准的提升还可以为民族复兴提供强大的推动力，促进民族复兴中的矛盾解决、社会和谐、精神文明建设。我们知道，民族复兴的伟大事业是要由人的奋斗来完成，这里所说的人，既包括每一个个体成员的奋斗，也包括群体的整体奋斗，尽管离不开个体的奋斗，但仅靠个体奋斗是决然不能完成这样伟大的历史使命的，需要动员千千万万的人参与，需要群体的合力奋斗。为什么要奋斗，怎样奋斗，个体成员和群体成员的精神状态、道德水准具有重要作用。良好的精神状态和道德水准能够汇聚成巨大的精神动力，助推人们潜能和创造力的发挥，加快民族复兴的步伐。

三、道德榜样是督促人们向善上进的带动力量

（一）道德榜样是社会的精英

1. 有道德的人是多数，道德榜样是少数

在当下的中国社会中，绝大多数人都能自觉遵守道德规范，因

此实现了社会的整体的和谐稳定，说明绝大多数人是有道德的，公然藐视道德规范、任意违反道德规范的人仍然是极少数。但在有道德的群体中，能成为道德模范者也是少数，因为道德模范在遵守道德规范的基础上，能在得与失、生与死的考验面前，做出常人难以做出的事迹来，正因为如此，他们才能成为道德模范，才能成为人们学习的榜样。所谓道德模范或道德榜样，就是具有良好道德修养的人，具有崇高的道德理想和道德境界、高尚的道德人格和道德品质、巨大的道德魅力和强烈道德吸引力的先进人物[26]。这些道德模范可能就在我们身边，也是很普通的人，却能做出不平凡的事迹来，这也正是他们的可贵之处。

2. 道德榜样的行为超出一般人所为

道德模范为什么能在重大的考验面前经受得住，为什么能做出常人难以做出的事迹？源于他们经过长期的思想道德的锤炼和积累，形成了高尚的道德情操，当国家、集体、他人的利益需要维护时，能够正确处理个人利益与国家、集体、他人利益的关系，将国家、集体、他人的利益放在首位，为此不惜牺牲个人利益。这是在用实际行动，践行为人民服务这一道德建设的核心，践行集体主义的道德基本原则，践行我国宪法所倡导的爱祖国、爱人民、爱劳动、爱科学、爱社会主义的社会公德，践行社会主义核心价值观。没有高尚的思想觉悟和道德情操，绝不会做出感人的事迹，不会成为人们学习的道德模范。

（二）道德榜样是助推道德进步的重要力量

1. 道德榜样的事迹催人奋进

无论是媒体报道还是耳闻目睹，道德模范的事迹能够令绝大多数人受到触动，常常能催人泪下，激励人们向上向善。之所以如此，是因为人们崇尚正能量，赞赏善良行为和牺牲义举，是因为人们渴望社会的风清气正，和谐发展，是因为人们接受团结友爱、互帮互助的人际关系。社会的认可和接受，是产生道德模范的基础，道德模范的产生，为社会群体树立了学习的榜样。道德模范既是普通人，又高于普通人，是普通人中的杰出代表。

2. 道德榜样的行为引领时代方向

在社会的发展进步过程中，需要引领者、导航者，引领者、导航者就像一面旗帜一样，带领众人走向理想的彼岸。在社会的思想文化建设中，在道德规范构建中，道德模范发挥的正是这种引领的作用。正所谓社会公德的培育需要道德模范引领，职业道德的塑造需要道德模范带动，家庭美德的形成需要道德模范示范，个人品德的养成需要道德模范激励[27]。有了道德模范为标杆，人们可以明确向谁学习、学习什么、怎样学习的问题，积累正能量，凝聚人心，提升社会精神文明建设的水平。尤其是在社会转型时期，学习和倡导道德模范具有重大的社会价值[28]。

（三）道德榜样是人们学习的楷模

1. 有学习榜样的社会是有希望的社会

在社会的发展进步过程中，无论哪一个领域、哪一个行业，都需要有榜样的引领，有了榜样，人们学有目标，向榜样看齐，榜样发挥的是带动的作用。各行各业都有榜样，反映的是社会的活力和社会的希望，没有榜样，则说明社会缺乏活力。有学习榜样的社会是有希望的社会，没有学习榜样的社会是少有希望的社会。当然，榜样是需要被发现的，是需要倡导和鼓励的，这一责任应当由国家、社会来承担。国家和社会应当通过各种途径发现榜样，宣传和肯定榜样，支持和鼓励榜样，形成人人争做榜样的局面，在必要时还可以培植榜样，使之成长和发展为榜样，成为人们学习的目标。

2. 道德榜样的发现和培养

在各行各业的榜样中，道德模范是属于思想文化和道德领域的榜样，是社会各领域各行业中榜样的一种，但却是重要的社会榜样之一，发现和培养道德模范是国家和社会的重要任务。首先，要注意发现道德模范，总结其先进事迹，通过各种形式予以宣传和表彰，使道德模范既能获得名誉上的肯定，又能获得物质上的褒奖。改革开放以来，我国已经积累了这方面的宝贵经验。其次，应当有意识地培养道德模范，为道德模范的成长进步创造条件。如有些道德模范已有了先进事迹的起点，通过创造良好的环境，使之将事迹发扬光大，持之以恒地积累成成熟的模范人物。

3. 对道德榜样的误读十分有害

如何评价道德模范？应当说，社会的大多数人、社会的主流评价是肯定的，正因为如此，道德模范才有产生的社会基础，才能发挥带动社会道德规范建设的作用。但也有对道德模范的误读。首先，认为道德模范是"傻子"，道德模范的行为是与市场经济的现实背道而驰的，是不适应市场经济要求的，市场经济不需要道德模范，需要的是竞争能力强，能创造最大经济效益的经营者。为利益而打拼的市场经济如果由道德模范来参与，则必然失败。事实上，许多市场经济的胜利者也是道德上的楷模，他们胸怀大局，服务社会，奉献社会弱势群体，同样可以是道德模范。其次，认为道德模范是做小事者，凡成就大事者，都不可能成为道德模范，这同样是错误的。毫无疑问，许多道德模范是从小事做起者，平凡人可以成为道德模范，但不能否认做大事者也是道德模范的事实。

第三节　倡导向品德高尚者看齐是社会的责任

一、倡导向品德高尚者看齐具有重要意义

（一）道德模范应当获得社会的认可

1. 道德模范展现社会的正能量

社会的发展进步需要蓬勃向上的正能量，这种正能量具有牵引、示范的作用，能够产生良好的社会影响，成为人们效仿、学习的对象，道德模范正是展现了这种正能量。他们能够持之以恒地服务社会、服务他人，不惜抛弃个人利益，维护国家、集体、他人的利益；他们能够坚守诚信，全力承担对国家、集体、他人的责任；他们能够见义勇为、勇于担当、挺身而出，为保护社会正义不惜牺牲自己；他们能够发扬中华民族的优良传统，孝老爱亲，亲善邻里；他们能够爱岗敬业，立足本职，为社会做出较大贡献。他们的行为践行了社会主义道德规范，弘扬了传统美德，为精神文明建设所需要，为社会发展所需要，为中华民族伟大复兴所需要。

2. 认可道德模范有利于优化社会风气

一个国家、一个社会，肯定什么，否定什么；倡导什么，反对什么；褒奖什么，抑制什么；反映这个国家和社会的政治与文化立

场，反映这个国家与社会对待文明与进步的态度，也直接影响国家与社会的治理程度。对于道德模范进行充分肯定与赞扬，大力进行褒奖，反映这个国家与社会对待优秀分子、先进人物的态度，坚持这样做，有利于形成学习模范、争做模范的局面，使社会风气得到净化、优化。我国近些年开展全国道德模范的评选活动、感动中国人物的评选活动，所挖掘出的道德模范人物的先进事迹，无不令人动容，感动了无数的中国人，产生了良好的社会影响。

3. 弘扬道德模范的精神是对传统道德的继承

对于具有悠久历史文化和传统道德的国家，怎样在实现现代化的过程中继承和发扬优良的历史文化和传统道德，一直是这些国家要面对和解决的问题，其难点在于现代化社会的思想观念和价值观与传统文化、传统道德不可避免地存在某些矛盾和冲突，既要接受现代化的思想观念和价值观，又要保持和发扬优秀的历史文化和传统道德，需要人们用现代人的智慧进行解决。在道德模范身上，既有现代社会的人的基本素质，又有优良传统道德的反映，他们集现代人的理念和传统美德于一身，褒奖道德模范人物，是在现代社会发扬传统美德的体现。

（二）认可道德模范是社会的责任

1. 社会对弘扬正气应当有所作为

一种社会风气的形成需要一个过程，社会风气处于动态的发展变化中，不会长期地固定不变。社会风气是快速变化还是缓慢变化，是朝着好的方向变化还是朝着坏的方向变化，影响因素有很多，存在诸多不确定性。形成良好的、为人们所接受和乐见的社会风气，责任主体有很多，其中最重要的主体是国家与社会。因为国家与社会对于形成健康向上、和谐互助的社会风气，负有直接的责任，这是其工作任务之一。从国家经济、政治、文化、社会、生态和谐发展的角度来讲，良好的社会风气是软实力之一，具有促进和保证的作用。而发现、培植、褒奖道德模范，是弘扬正气、净化社会风气的有效形式之一。

2. 社会弘扬道德模范是对历史和未来负责

当下褒奖的道德模范是现实社会中的榜样，而在中国历史上的不同时期，也曾出现过不同的道德榜样，未来社会中，也会出现那时的道德榜样，可见道德模范具有时代特点。当今褒奖道德模范，对于历史上的先人来讲，尽管道德模范的评价标准和社会价值已有不同，但肯定道德模范的作为是对历史经验的一种继承，对于未来社会的人们来讲，也是提供了可供借鉴的榜样，从这一点来讲，褒奖道德模范具有历史价值，是对历史负责任的表现。中国历史上的许多道德楷模今天仍然被人们所传颂，就说明了这一点。

二、采取有力措施弘扬道德模范

（一）道德模范应当获得社会的充分认可

1. 确立道德模范的社会地位

当代社会，一个人的社会地位如何，标志着社会对他的认可程度，标志着他对社会的贡献程度，标志着他还能对社会发挥什么样的作用。道德模范因其在某些方面对社会有突出贡献，做出了超出常人的突出事迹而受到社会的认可，对其社会地位的确认有利于进一步发挥其社会影响和社会作用。当然，确立道德模范的社会地位并非一定要让其做官升职，而是根据其特长和能力，予以合理的安排和利用，因人而异，使其过去的作为受到认可，使其在今后继续发挥作用。

2. 确立道德模范的物质回报

道德模范曾经因奉献和牺牲个人利益为他人、为社会、为国家做出了突出贡献，他们曾经的艰难困苦，他们曾经的流血牺牲，他们曾经的付出和奉献，当确认其为道德模范之后，也应当获得一定的物质利益方面的回报。应当从工作、学习、生活等多方面关心道德模范[29]，帮助他们解决实际困难。当然，这些人的思想觉悟决定了他们奉献的目的并不是要获得物质利益回报，国家、社会、他人的回报也很可能被拒绝，但从公平正义的角度讲，从奉献与获取的关系的角度讲，从个人的社会价值的角度讲，对这些人给予物质利益的回报是应当的，是会引起社会公众的共同认可的。

3. 确立道德模范的精神价值

弘扬和褒奖道德模范，是因为其做出了超出常人的事迹，且足以感动其他人，是其他人学习的榜样。从国家和社会层面倡导学习道德模范，更重要的是肯定道德模范的精神，学习道德模范，重在学习道德模范的精神。这种精神具体表现为对国家、集体、他人的责任精神，团结互助精神，诚实守信精神，尊老爱幼精神，无私奉献精神等。这些精神继承了中华民族的传统美德，适应了新时代的新要求，确实难能可贵。这些精神值得所有人学习，适用于所有人，无论做什么，运用了这些精神，都会把事情做得更好。

（二）采取多种形式宣传道德模范的事迹

1. 从身边的人和事开始，逐级评选道德模范

道德模范产生于人民群众，应当由人民群众认可和确定。国家评选道德模范，应当从基层开始，由人民群众层层推选。这样做的好处在于：第一，道德模范有广泛的群众基础，看得见，摸得着，能真正成为群众学习的榜样；第二，有利于人民群众发现身边的道德优秀者，这些人即便没有被评为全国道德模范或地区、领域的道德模范，同样可以作为群众学习的榜样，使道德模范的评选变成寻找优秀人物的过程；第三，让人民群众认识到道德模范是干出来的，是真实存在的，道德模范是值得学习的，每个人经过努力也是可以成为道德模范的，有利于提高人民群众参与道德规范建设的积极性。

2. 大张旗鼓地奖励和宣传道德模范

道德模范一经产生，就要通过一定的形式充分肯定道德模范，要努力发挥道德模范的社会影响和社会作用。可以召开表彰大会，对道德模范进行命名和表奖，可以举办巡回报告会，在相关区域进行报告和交流，可以制定相关规章制度，将对道德模范的褒奖纳入制度化的轨道，可以在物质奖励层面或晋职晋级层面对道德模范进行优待。中央电视台的"全国道德模范颁奖仪式"已播出数年，每次节目分为"助人为乐""见义勇为""诚实守信""敬业奉献""孝亲爱老"5个章节，每个章节通过播放电视短片、现场访谈、歌曲舞蹈、朗诵、颁奖礼、致辞等多种形式交错进行，充分展现了全国道德模范的感人事迹和崇高品德，每次播出都给全国观众上了一堂生动的道德教育课。中央电视台每年举行一次的"感动中国人物颁奖典礼"同样感动了无数的中国人。

3. 组织社会公众评价和学习道德模范

道德模范是群体中的佼佼者，是社会精英之一，感人至深的道

德模范的事迹应当为公众所知，各级组织、各行各业都应当有组织地进行学习、讨论，进而从道德模范的成长经历、做出的模范事迹中，深刻认识道德模范为什么能做出超出常人的事迹，其高尚的思想精华究竟是什么，学习道德模范的什么思想境界和道德情操，怎样成为道德模范等。基层组织应当把责任承担起来，通过灵活多样的形式将这一工作做起来。

第六章　加强道德规范建设，实现道德规范价值的基本措施

　　道德规范建设重在实践，从实践层面探讨道德规范建设，是社会工程建设中的一项重要任务，需要统一筹划，科学安排，有效实施。其中，对于如下问题的正确认识和解决，有利于这一工程的进展。

第一节　道德规范建设应遵循的原则

一、自觉养成与客观约束相结合的原则

（一）道德规范教育中的客观约束是重要方式

1. 道德规范教育主要靠自觉但不是唯一方式

　　道德规范教育的结果要通过受教育者的内心理解和接受程度、感悟和践行程度来检验，但由于接受教育的对象的各种内在因素不同，其内心的理解和接受程度是不同的，仅仅靠受教育者的自觉接受、积极践行是不够的，缺乏其他约束，是难以保证教育效果的。如有的受教育者无论怎样教育，就是不能理解和接受，进而就是不能很好地遵守道德规范，道德规范教育是否就止于此，就无能为力了呢？并非如此，这时探讨促进自我感悟之外的其他方式的教育就被提上日程。

2. 必要的客观约束手段不可或缺

　　就道德规范的制约作用而言，主观的自觉固然十分重要，但不是唯一的调整方式，还有其他方式，如通过社会舆论、传统习惯的方式来调整，还可以配合其他行为规范来调整。这些方式的具体实

施，包括公开的批评教育、组织周围群众的讨论和评议、群众性社会组织的介入调解等。通过这些来自外界的、客观因素的介入，可以促动当事人的心灵，引起主观认识的变化。如果说某一受教育者的主观自觉还没有认识到位，那么来自外界的这些影响制约因素是会产生一定作用的，如果这些外来因素的影响仍然没有作用，则道德规范的约束就将失去意义。如果当事人仅在违反道德规范的层面活动，那么只能评价为不道德，充其量被周围的人所疏离。如果突破了道德评价的范围，违反了其他行为规范，那么只能适用其他行为规范去调整了。

3. 要相信大多数人的行为自觉

如果一个人的行为因违反道德规范而受到舆论的批评和谴责，受到周围群众的反对和贬损，受到各类组织的警告和处分，他还会无动于衷，甚至排斥和对抗，这样的人会有吗？不排除有极个别的人会采取这种态度，但绝大多数人是不会的。正因为如此，我们说道德规范的作用是不能被小视的，充分发挥道德规范的作用、探索有效的具体措施是十分重要的。当然，在客观的舆论和评议之下，有人迫于压力，不得不暂时、表面、虚伪地接受下来，实际上并没有真正从内心接受。应当相信，这样的人即便是有，也会是极少数，这也说明道德规范的约束作用是有限的。

（二）客观约束的实施要适度和科学

1. 确立适度的客观约束机制

这里所说的客观约束机制是指社会舆论、社会评价机制，所谓适度的客观约束机制，是指所建立的客观约束机制，定位准确，约束适度，在发挥道德规范作用方面恰如其分。既然适度，就不能放任自流，无所作为；既然适度，就不能超出道德规范的强制程度，不能因为仅违反道德规范而适用其他行为规范，尤其不能适用限制人身权利、财产权利等的强制性行为规范。有人常常因为那些肆无忌惮违反道德规范而无法制约深感遗憾，甚至愤愤不平，这是不必要的，道德问题只能在道德范围内解决，任意适用其他行为规范只能适得其反，导致犯错误，好心办坏事。同时应当相信，对道德规范的约束毫不在意的人肯定是极少数，这些人往往因为对道德规范的约束不以为然，最终导致违犯其他行为规范而受到应有制裁。

至于具体的约束机制，包括各类媒体的舆论评价机制、基层群众的有组织的评价机制、相关社会组织的参与评价机制等。

2. 科学实施客观约束

对于道德规范的主观自觉、客观影响、传统习惯的限制等调整方式，主观自觉是根本，客观约束是重点，就客观约束而言，应当注意两个问题：一是道德问题只能在道德范围内解决，前面已经述及；二是与其他行为规范结合对当事人的行为进行调整，这种结合适用于当事人的行为既违犯道德规范，又违犯其他行为规范的情况。如违反道德规范的同时又违犯法律规范，应当将两类规范的约束结合起来，运用法律规范的同时运用道德规范，适用法律的强制性追责的同时，进行道德的谴责和评价，既对当事人进行道德规范教育，又对社会公众进行道德教育，使公众引以为戒。

二、理论修养与实践锻炼提高相结合的原则

（一）道德规范教育要坚持理论与实践相结合

1. 道德规范需要认知和行动

在道德规范建设中，对于社会成员而言，主要涉及两个问题：一是要知道道德规范的具体内容是什么，为什么要遵守道德规范；二是要落实于行动，在日常工作与生活中，遵守道德规范的要求。关于对道德规范内容的理解，如前所述，应当是广义上的道德规范，在当下包括社会主义道德建设的核心、社会主义道德的基本原则和其他原则、公共生活领域的道德规范和三大社会生活领域的道德规范、我国宪法倡导的社会公德等，这些道德要求均应属于社会主义的道德规范。同时，仅仅了解道德规范的内容是远远不够的，与此相比，更重要的是在实际行动中，自觉遵守这些道德规范，使自己的言行举止完全符合道德规范的要求。不知道道德规范的要求难以真正遵守和践行，知道了道德规范的要求而不落实于行动也没有任何实际意义。在马克思看来，道德的真谛和意义绝不在于抽象的概念、空洞的说教，甚至是系统的理论，而主要在于实践和行动、批判和斗争、革新和创造[30]。

2. 道德规范教育也需要理论与实践的结合

既然如此，在道德规范教育中，也应当强调两个问题：一是道德规范的理论；二是道德规范的实践。只有坚持理论与实践的结合，才能使道德规范的教育收到实际效果。在道德规范教育的实施过程中，有人满足于道德规范的理论教育，似乎让受教育者知道了道德规范的基本理论、基本要求就可以，这是远远不够的，知道了理论不一定就会运用于实践，不一定会主动践行道德规范，就如有人对道德规范的理论考试可以获得高分，但不一定是高标准遵守道德规范的人，甚至相反，可能是道德素养低下的人是一个道理。

3. 实践教育具有特殊的重要性

道德规范的实践教育，其目的有三：一是使受教育者认知和学会理论运用于实践的重要性，了解理论的根本目的是用于实践；二是在实践中应用理论、验证理论，理解理论的科学性和正确性；三是通过实践可以提升道德素养、树立高尚道德情操。道德规范的实践教育应重视两个环节：一是在理论教育中重视与实践的结合，如运用当代社会道德建设领域的正反两方面的典型、联系受教育者现实工作与生活中的实际表现，在深入理解理论的同时学会理论的实际运用；二是组织受教育者深入社会实践，用实践检验和证明理论，同时深刻理解实践对道德素养养成的重要性。

（二）重视实践中的道德规范教育

1. 坚持将理论运用于实践

在道德规范教育中，相对于理论教育而言，另一个层面的教育是实践教育。所谓实践教育，是指在人们的工作、生活、社会活动等过程中，对人们进行的道德规范教育。理论教育的局限性在于能接受理论教育的对象相对较少，且要考虑其可能的接受程度，实践教育的对象十分广泛，几乎所有的人都可以通过实践活动接受道德规范教育。实践教育可以运用典型对比教育、自身评价反思教育、社会效果的差异对比教育等来完成。实践教育过程中，要注意的问题是将有关道德规范的理论运用于实践，用理论指导实践。道德规范理论是人们在长期的实践中积累归纳、提炼总结凝聚而成，这些理论源于实践，对实践也具有一定的指导作用。如为人民服务、集体主义、诚实守信等，对人们的社会实践活动具有重要规范价值，可以适用于所有公众，坚持这些规范、运用这些规范，能帮助人们衡量行为的善恶是非。

2. 坚持用实践来验证理论

理论来源于实践，理论的价值要经过实践的检验，正确的理论能够在实践中得到验证，错误的理论会在实践中遭到否定。社会主义道德规范的理论来源于社会主义革命和建设的实践，又要在社会主义革命和建设的实践中发挥指导作用，在实践获得新的发展。至于实践的验证、实践的评价，将会在理论运用于实践的过程中完成。关于实践对理论的评价，可以是肯定的，可以是否定的，也可以是需要补充、修改、完善的。

3. 坚持实践的锻炼和养成

社会实践是一个人成长进步的基本途径，也是培养道德品质、形成良好道德素养的基本途径。从社会个体成员的角度来看，应当充分认识到社会实践对一个人成长成才的重要性，积极投身于社会实践，勇于接受艰苦生活的磨炼，在实践中树立起正确的世界观人生观价值观，形成良好的道德品质。从国家和社会的层面，应当倡导和支持人们，尤其是青少年积极参加社会实践，创造人们参加社会实践的条件，在实践中培养人才，发现人才，使用人才，从中评价人们的综合素质情况，特别是人们的思想道德素质情况。

4. 注意实践中的新发现

社会处于持续的发展变化中，发展变化的社会为检验理论、发现新理论、创造新理论提供了条件。道德规范及其建设的理论也不应停留在一个水平上，也需要发展和创新，由于社会体制的变化所引起的人们思想观念的变化，由于一个新的社会领域的出现所凸显的专门道德规范的空白等，都为创造新的有关道德规范的理论提供了机遇。专门的研究者要关注社会的变化和道德规范理论的创新，社会公众也可以有所作为，国家与社会同样要注意新理论的创新和发展。

三、正面示范与负面借鉴相结合的原则

（一）道德上的优劣同时存在

1. 道德高尚行为与道德不良行为同时存在

综观社会现象，考察人们在社会中的所作所为，可以看出社会的复杂性，仅从道德的视角来观察，可以看到高尚的道德行为和不良的道德行为同时存在，有人对高尚的道德行为肯定和赞誉，有人对不良的道德行为漠然处之，习以为常，有些从事不良道德行为的人不以为耻，我行我素。我们经常能看到的高尚道德行为如遇见需要救助的人能挺身而出，发挥专业特长，鼎力相助；在金钱和物质利益诱惑面前不为所动，拾金不昧；为保护社会和他人的生命财产安全，面对歹徒的危害毫不畏惧，英勇搏斗；尊老爱幼，救助邻里等。不良的道德行为如编造谎言欺骗他人；故意毁坏公私财物；口出脏话出言不逊；恃强凌弱欺辱他人等。社会发展过程中，文明建设过程中，高尚的道德行为会越来越多，不良的道德行为会越来越少，但还难以完全消除不良的道德行为。

2. 道德模范与道德卑劣者同时存在

从社会主体的人的视角来考察，绝大多数人会自觉遵守道德规范，其中也不乏道德模范、社会楷模，但同样存在道德卑劣者。道德模范不仅能遵守道德规范的要求，在特殊的考验面前还能超出一般人的要求，做出一般人做不到的事迹来，这些道德模范固然是少数，但在全国十四亿人中间，他们也足以能形成一个群体，代表着群体的高道德水准。道德卑劣者是群体中的极少数，但他们违反道德规范的行径可能会不同程度地损害他人和群体的利益，造成不良的社会影响。

3. 社会成员的道德差异长期存在

社会中的道德模范越多，越有利于社会的道德规范建设；道德卑劣者越多，越不利于道德规范建设。两者的多与少也标示着社会的道德规范建设的水平。人们希望社会的道德模范越来越多，道德卑劣者越来越少，最好是绝迹，但现实总不会按照人们的美好想象而存在，这两者还会长期并存下去，通过全社会的努力，能够做到前者的人数逐渐增加，后者的人数逐渐减少。就是到了共产主义社

会，就是阶级和国家不存在了，社会仍然要进行道德规范建设，道德上的不良表现者仍会出现。

（二）正反两方面的典型均有教育意义

1. 负面典型对人们的行为同样有启发

现实社会生活中，既有道德上的正面典型，也有负面典型，对负面典型采取正确的态度，也有发挥正面教育作用的可能。首先，人的思想是可以转化的，有些在道德品质、道德素养上存在缺陷、有过劣迹的人，经过社会和他人的帮助和教育，可以使之发生悔悟，出现转化，摈弃错误，重新做人。一旦负面典型转化为正面典型，不仅对当事人本人，而且对其他社会成员也是很好的教育。其次，对于难以转化的人，也可以成为反面教材，通过总结其成长、发展的轨迹，不良表现产生的危害结果，导致的经验与教训等，足以对他人产生启发，引以为戒，避免重蹈覆辙。

2. 应发挥好正反两方面典型的教育作用

在道德规范建设中，正反两方面的典型是客观存在，为发挥好典型的教育作用，对先进典型树立为标杆，对反面典型引以为戒，应坚持如下三种做法。首先，要善于发现典型。典型存在于社会群体之中，如果处于自然状态下没有被总结和推广，其影响范围仅限于知情者，比较有限。为扩大影响和教育范围，应当及时发现这些典型，国家职能机关、社会团体、社会组织应当承担起这一责任。其次，要及时总结典型的经验，包括正反两方面的经验，探讨典型的成因，挖掘典型的时代价值。最后，运用多种形式，对典型进行奖惩和宣传，使社会公众了解典型，从典型的经验教训中受到启发，弘扬社会的正能量。

四、继承传统与开拓创新相结合的原则

（一）社会的发展需要道德规范建设的创新

1. 新的领域派生新的道德规范

在人类社会快速发展的今天，在人类进入信息化社会的今天，许多新的领域纷纷出现，如网络社会领域、太空利用领域、国家安全新领域、社会组织新领域，新的领域需要制约人们行为的新的行为规范，包括道德规范和法律规范等。就道德规范而言，新领域的

道德规范可以对以往的传统的道德规范进行借鉴和嫁接，同时还需要出台完全不同于以往的新的道德规范，这是一种新的需要，且不以人的主观意志为转移，目前人们探讨的网络伦理、太空利用伦理等就体现了这一点。

2. 新的时代需要新的道德规范

社会是不断发展变化的，社会进入一个新的时代，需要与之相适应的新的道德规范，或者道德规范建设中的新要求，社会的道德规范建设不应停留在一个水平上，应当随着社会的发展变化而发展变化。如我国实行社会主义市场经济体制，导致社会的运行机制发生变化，引起人们的思想观念随之变化，与此相适应，道德规范建设也要发生某些变化，以适应市场经济新体制的变化。再如我国进入中国特色社会主义的新时代，道德规范建设也要随着社会的新变化进行新的调整。可以说，只要社会不停止发展，道德规范建设就不应停止，从这一意义上讲，道德规范建设的创新也是一个永恒的话题。

（二）正确处理继承传统与开拓创新的关系

1. 继承传统不应限制创新

中国作为文明古国，道德规范建设具有悠久历史和优良传统，尽管中国已进入中国特色社会主义的新时代，中国传统道德中的许多内容仍然可以继承和运用。但这种继承并不是简单地照搬照抄，而是适应时代要求的继承，包括对传统道德规范的改造，对某些内容赋予符合时代要求的新内涵等，这一过程实质上也是创新的过程，继承传统并不限制创新，而是为创新奠定基础。如果认为中华民族的道德传统内容丰富，可以涵盖现实的所有需求，不需要创新，是认识上的一种偏差，不利于现实的道德规范建设。

2. 创新并不排斥对传统的继承

实际上，创新是在继承传统的基础上完成的，创新并不排斥继承传统，将两者对立起来是完全错误的。如果以继承为由排斥创新，既不能很好地继承，也会影响创新；如果以创新为由排斥继承，放弃继承，则会使创新成为无源之水、无本之木，难以实现真正意义上的创新。曾有人认为传统道德的积极作用不多，现代化社会可以不需要传统道德，强调继承传统道德不利于树立现代化建设的新理念，不利于道德规范的创新和发展，这种认识是极其片面的，也是历史虚无主义的表现之一。

3. 继承与创新是新时代的新要求

道德规范的建设要与时俱进，适应时代的要求开拓创新，要继承优良传统，发挥传统道德在新时代的作用，两者可以实现相互促进，互不偏废，单纯强调某一方面而忽视和否定另一方面的认识和做法都是错误的。怎样实现两者的结合，提升道德规范建设的新高度？首先，要对传统道德规范进行科学的梳理，归纳出传统道德规范的精华，并密切联系现实道德规范建设的实际，以现实需要为出发点，进行适度的充实和改造，再应用于现实，防止简单的拿来主义。其次，要密切关注时代的发展变化，研判已经出现的新的社会生活领域和可能出现的新的社会生活领域，对道德规范建设的新要求，其中哪些是传统道德规范可以调整的，哪些是传统道德规范无法调整又没有新的道德规范，需要提出和适用新的道德规范的情况，适时提出适应新要求的新的道德规范。新的道德规范的运用过程中，还应当适时检讨和调整，不断充实、修改、完善、提升新的道德规范。再次，道德规范的继承和创新，没有固定的比例和固定的标准，没有必要过分强调某一方面而忽略另一方面，应当从客观实际出发，坚持实践检验的标准，只要道德规范能有效制约人们的行为，遵守这些道德规范能有利于维护社会生活秩序，就应当大力提倡和遵守。

第二节 道德规范建设应正确处理的几个关系

一、正确处理业务能力与道德素质的关系

（一）专业水平与道德素养的统一

1. 良好的专业素养与道德素养是完整人格的体现

素养包括政治素养、思想道德素养、文化素养、业务素养、身心素养等多个方面。如果一个人只有素养中的一部分，欠缺一部分，则这个人的素养是不完整的，而素养有缺陷的人存在人格缺陷。作

为社会对人的基本要求，社会中的人应当素养全面，人格完整，有缺陷的人难以适应社会的要求。如一个人只有良好的专业素养而没有道德素养，没有应有的社会责任意识，常常会偏离人生的方向；反之，只有良好的道德素养而没有专业素养，难以解决专业问题，就难以承担重任。

2. 良好的专业素养与道德素养是现代化建设对人才的基本要求

联系我国现代化建设的实际，中华民族伟大复兴的实际，需要一大批人才的参与和奋斗，这些人才要具有良好的综合素养，其中的最基本的素养就是专业素养与道德素养。所谓专业素养与能力，是指达到从事某类或者某种社会职业所必需掌握的相关素质、知识和技能的有机组合[31]。民族复兴任务艰巨，现代社会科技高度发达，各领域的工作有很强的专业性，加之中国实行全面的对外开放，融入经济全球化，参与国际竞争，没有很高的专业素养难以胜任当下和未来的艰巨任务。同时要重视的是，中国面临着遏制与封锁，敌视社会主义制度的力量还比较强大，政治领域、文化领域、思想道德领域存在着尖锐的斗争，具备良好的思想道德素养，才能适应现实需要，才能更加积极、主动、自觉地参与现代化建设，发挥出自身的聪明才智。

3. 片面追求专业素养会产生不良后果

在群体中的某些人忽略道德素养的培养，对道德素养的有与无、好与差不以为然，过分重视专业素养的培养与提高，认为社会所需要的、自身发展所需要的，还是专业素养的提高。总结现实社会中的经验教训可以发现，这种认识和做法是十分片面的。我国曾发生过这样的一个真实案例，一位大学时的高材生，成为导弹专家，因为40万美元的诱惑，将当时导弹的核心技术出卖给境外的敌对势力，并被某大国获得，导致该国立即升级本国的导弹系统，以应对我国的导弹威慑，也导致我国几十亿元、上百亿元的投入形同虚设。也有其他许多案例可以说明，一些专业能力很强的人，由于道德素养的欠缺、道德规范的丧失，导致贪污受贿、腐化堕落，违纪违法，走向人民的对立面。事实说明，良好的专业素养、专业能力是必要的，但仅此是远远不够的，道德素养、专业素养以及其他素养均不可或缺。

（二）现实的认知偏差和实践偏离

1. 立足社会之根本的思索与偏差

长期以来，有些人形成一种根深蒂固的观念，就是人立足社会要靠真本事，靠高水平的、甚至个人独有的专业能力。在此观念的引导下，确实有人只顾埋头学专业知识、专业技能，试图凭专业技能实现自己的人生价值。毫无疑问，立足社会的人确实需要具备良好的专业素养、专业能力，这既是个体成员实现自己人生价值的需要，也是社会发展中对人才的基本要求，实现中华民族伟大复兴的中国梦，就需要一大批具备良好专业素养、专业能力的人才。但如果把专业素养、专业能力放在最高位置，因此忽略其他素养、其他能力的培养提高，如道德素养的培养和提高，则是很片面的。人需要综合素养的培养和提高，专业素养、专业能力只是其一而不是全部，真正有作为的人一定是具有良好综合素养的人。

2. 脱离道德义务的专业素质与能力会导致社会责任的偏离

社会个体成员的综合素养中，道德素养最为重要，因为道德规范所显现的善恶是非的标准，对人的行为具有引导和把握方向的作用，制约人们的行为在正常的轨道行驶。一个道德素养良好的人，不会做出危害社会、危害他人的事情来，能够坚守行为的底线。但道德素养也最容易被人们忽略，因为衡量一个人的成功或失败，考察一个人的业绩如何，其道德素养状况往往被忽略，主要看其专业素养、专业能力的展现，取得的实际工作成就，只要不违纪违法，或者暂时没有被发现，就难以区分道德素养的优劣，难以因道德素养问题遭到否定。如职称的评审，只要量化条件具备优势，就难以因为道德素养的差别将其否定。一旦忽略道德素养，对道德规范不以为然，违反道德规范的可能性会大大增加，一旦出现问题，也常常令人震惊，惊呼没想到。事实上，其道德素养的欠缺早已是客观事实，只是没有被发现而已，或者因专业素养、专业能力强而"一俊遮百丑"。

（三）坚持理性的回归

1. 所有的人、人的所有行为都应经得住道德规范的检验

一般来说，人的内在素养要通过外在行为来表现，除非制造假

象，表里不一。对人的外在行为表现也可以反映其内在的综合素养，因此，应当通过其表现，判断和评价其道德素养、遵守道德规范的情况，进行客观准确的认定。对于道德素养高尚者应当肯定、褒奖，对于道德素养方面暂无问题者，应当鼓励其学习先进，争取进步，对于道德素养方面存在缺陷者，应当批评帮助，及时克服，避免走向歧途。对那些制造假象的人，即原本道德素养低劣，却口是心非、表里不一的人，应当综合评判，发现假象，揭露本质，事实上，任何假象都是装出来的，总有其暴露的表现，需要去伪存真，恢复本来面目。用道德素养评价个体成员，适用所有社会成员，任何人都不能将自己排除之外，尤其是那些身居高位、经常发表言论、领导他人的人，现实中的许多事实说明，这些经常教训他人、领导他人的人，其道德评价往往受到弱化，其中也经常出现违反道德规范和其他行为规范的人，一旦揭露，会令人触目惊心。

2. 无论社会怎样发展都无法否定道德的作用

行为规范是在人类社会形成和发展过程中产生的，包括如前所述的道德规范、法律规范、习惯规范、宗教规范等，这些规范在当下仍然发挥着调整社会关系的重要作用，未来社会中是否还需要这些规范？是否会在某一历史阶段退出历史舞台？根本的因素是看社会关系还是否需要这些规范的调整，如果社会关系不需要某一规范调整了，那么其就要被历史所淘汰；如果社会关系还不能离开某一规范的调整，那么其就需要存在，至于其存在与否，不以某些人的个人意志为转移。就目前的基本研究来判断，即便是到了人类所追求的理想的共产主义社会，尽管物质极大丰富和人们的精神文明水平极大提高，人们之间仍然存在利益关系的冲突和调整，道德规范仍然有存在的价值，道德规范建设是永远存在的主题。

3. 自觉接受道德的约束是实现人生价值的需要

社会利益关系的矛盾和冲突是客观存在，道德规范也是客观存在，社会成员是否接受道德规范的制约，则因人而异。社会中的大多数人能够遵守道德规范，但不能排除有的人不遵守道德规范，从事一些不道德的行为。这些人违反道德规范时，大都不是不知道道德规范，不是不知道善恶是非，而是为实现自己对某一项利益的追求，为实现某一心理的满足，为达到个人的愿望和要求，不惜违反道德规范。对这样的行为仅仅在道德层面对其调整，已经没有约束力，甚至需要并用法律规范的调整。当然，一旦适用法律规范进行调整时，大都悔之晚矣。人们对道德规范的遵守，主要靠自觉，道德规范教育的任务之一，就是要增强人们的这种自觉性。也只有自觉遵守道德规范的约束，才能不偏离人生的正确方向，才能避免适用其他行为规范的调整。

二、正确处理对社会的贡献与承担社会责任的关系

（一）专业贡献与社会责任的统一

1. 做出专业贡献与承担其他社会责任不冲突不矛盾

社会发展过程中需要各行业、各领域的专业人才发挥特长，有所建树，做出成绩。能发挥专业特长、有所成就，本身就是承担社会责任的表现。而这里所说的承担社会责任，应做广义的理解，即在本职工作范围内发挥专业特长，承担本职工作职责的同时，还要承担与专业相关的其他社会责任，如国家安全责任、生态保护责任、公共安全责任等。承担专业职责与承担其他的社会责任是不矛盾的，一个有社会责任感的人应当将承担各种责任统一起来，树立崇高的社会责任意识。现实的社会实践中，许多人能够做到专业职责与社会责任的统一，但也有不尽社会责任的表现。如有人具有涉及国防和军工的专业知识，但却因为经受不住金钱和物质利益的诱惑，出卖这些专业技术，致使国家利益遭受重大损失。有人利用专业技术生产的产品能在现实获得巨额利益，但在未来的某一时间，由于这一专业技术的利用会产生严重的副作用，给生态环境的保护和人的身体健康带来严重后果，作为专业技术人员明知而为之，留下严重的未来隐患。这些都是不承担社会责任的表现，因此对于可能有专业贡献但缺乏社会责任的人，强调树立社会责任意识是非常重要的。

2. 评价工作业绩应当坚持两者的结合

一个人的工作业绩如何评价，一般是看其专业素质和能力如何，运用其专业能力取得的成就如何，在某种意义上看也无可非议，但如果仅限于此是不全面的，长此以往会导致评价的短视和表面化，使得人们只顾眼前不管长远，只顾现实利益不顾社会责任，甚至可

能产生严重的后果。许多事例告诉我们，从国家、社会、人们的长远利益出发，评价一个人的专业贡献时，应当将其对专业发展所承担的责任、所付出的努力同承担的社会责任结合起来，尤其要倡导自觉承担社会责任，这是更大的责任，而专业发展的责任应当作为这一大责任之下的具体责任、小的责任。仅能承担小的责任而不能承担大的责任，或者忘记大的责任，就是没有承担起应有的责任，甚至不如不承担责任。

（二）现实的问题及其解决

1. 片面追求工作业绩的现象不应忽视

现实社会中，对一个人的业绩进行评价，进而决定晋职晋级、奖励与处理、在职与离职时，主要考核其在确定期限内的具体业绩，这些业绩还要在确定的标准之内按条条框框对号入座，没有进入标准的其他业绩不在考核范围。其后果是，指挥棒往哪里引，人们就往哪里走，你怎样考核，我就在考核的范围内去努力，与考核无关的事情也与我无关，长此以往，所产生的后果是，人们关注的是考核项目，研究的是怎样完成考核项目，导致有些人只顾眼前的事情，只争取眼前的利益，缺乏现实的全面塑造和完善，缺乏对长远的设计和安排，更缺乏对社会责任的承担。这一问题应当引起人们的关注，并着手解决，如关于职称评审的唯论文等问题，应当出台科学合理、切实可行的解决办法。

2. 行为人的自觉与社会的监督同等重要

无论是履行专业责任还是履行社会责任，都是一个人应尽的义务，在承担专业责任和社会责任的问题上，专业责任往往与个人的利益得失直接相关，当事人的自觉性和主动性基本上无须动员，或容易接受各种动员；而社会责任问题往往需要做较多的工作，需要启发当事人的自觉和责任意识。同时，当事人履行社会责任仅靠自觉性和主动性还难以奏效，需要在教育的基础上强化社会监督。关于社会监督，就是针对不履行社会责任的人，及时发现，及时制止，及时处分，使之付出应有的代价，在制约当事人的同时，教育其他人引以为戒。教育有必要，仅凭教育还远远不够，对过于追逐利益而放弃责任的人，应当有其他制约措施。

三、正确处理公共场所行为与私生活表现的关系

（一）公共场所行为与私生活的表现存在脱节

1. 表里不一是道德人格的异化

公共场所行为是相对于私生活的行为而言的，指人们在工作场所和其他公共活动场所实施的行为。公共场所行为与私生活的行为是在不同的场所实施的，有所区别是正常的，将公共场所行为拿到私生活，或者把私生活行为拿到公共场所，都有些不妥。但一个人的稳定的道德素养、道德品质在不同的场合都应当有相同的表现，如诚实、正直、公正、仁爱、责任等，无论在什么场合都要坚持，如果一个人在公共场所表现出一种道德人格，在私生活场合表现出另一种道德人格，表现出道德人格的差别，就是极不正常了，可以将其称为道德人格的异化。这种异化尽管可能表现在少数人身上，但这种表里不一、当面一套背后一套的行为会产生很不良的社会影响，败坏社会风气，滋养恶劣的作风。

2. 表里不一是不正常的社会现象

现实中，常有一些人表里不一，嘴上说的和实际做的截然不同，在公共场所的行为和个人私生活的表现截然不同。如有些公职人员在工作场所是翩翩君子，在个人私生活的空间却原形毕露，猥琐不堪；有人在台上大讲反腐败，在背后却贪污受贿，大搞权色交易、钱色交易；有人在公开场所大讲德性、仁爱，在家庭却对家庭成员虐待、家暴等。这是一种极不正常的社会现象，如果让那些虚假伪善、欺骗他人的人大行其道，为所欲为，势必让那些诚实守信、表里如一、踏实肯干的人无法接受。社会的发展是干出来的，不是说出来的，更不是骗出来，中华民族伟大复兴的中国梦，靠千千万万的人流血流汗，艰苦付出，那些表里不一、投机取巧的人能大行其道，必然影响人们的奋斗积极性，对民族复兴产生不利的影响。

（二）加强管理与监督机制

1. 在重点环节上加强道德规范教育

人的公共生活与私生活的表里不一及道德人格的变异是一种社会毒瘤，这种毒瘤还具有一定的传染性，一旦人们有所认知，有的人还效仿和学习，进而污染了社会风气。解决这一问题的首要措施

还是加强教育，包括原始教育和防污染教育两个层面。所谓原始教育，就是在人们介入社会之前，在接触这类社会风气之前，进行预防性的教育，树立正确的道德品质，增强抵御这种恶习的能力，防止出现这种恶习。所谓防污染教育，就是针对这种社会现象，进行直截了当的抨击和评判，提高人们分清是非的能力，增强抵抗不良风气侵袭的能力，遏制这种不良风气的蔓延。

2. 全天候的管理与监督

针对有些人，尤其是公职人员上班一个样、下班另一个样，人前一个样、人后另一个样的虚假伪善表现，在强化教育的基础上，应当加强管理与监督。教育是重要手段，某些人经过教育是可以调整和改进的，不应忽视教育的作用。但有些人对教育不以为然，继续我行我素，就要动之以管理与监督。这种监督监管应当是全天候的，无论是班上还是班下，无论是人前还是人后，都应当立规矩，定要求，抓落实，不手软。对某些人在班下、业余时间进行干预，是否侵犯了私人空间、私生活的自由权利？可以认为，一个人的私生活是享有自由权利的，个人的私生活是不应干预的，但这有一个前提，就是私生活要在符合道德规范、法律规范的前提下，如果违反道德规范和法律规范，致使当事人滑向泥潭，又严重污染社会风气，造成恶劣影响，对此进行干预是十分必要的。尤其对于公职人员，既是对其挽救的需要，也是树立国家机关的良好形象、净化社会风气的需要。

第三节　道德规范建设的主要问题解决

一、坚持道德水准的实践检验标准

（一）评价社会成员的道德素养的标准

1. 道德素养程度要用行为来表现

一个人的道德素养如何，评价和判断的依据是什么？既要看其怎么说，又要看其怎么做，既要观其言，又要观其行，在当下的社会环境中，更要看其行动的表现。如前所述，一些人在公开场合，在台上，在人前，满口仁义道德，不仅夸夸其谈地大讲自己的道德认知、道德行为，还可能给别人讲课，传授道德规范，而自己的私下活动则完全是另一种样子，是一个地地道道的两面人。因此，准确的评价要重视用行动来考察，看其究竟是怎么做的，是否表里如一，言行一致。

2. 评价的准确性要由综合表现来决定

对社会成员的道德素养的评价要坚持全面的评价，去伪存真的评价，客观公正的评价。首先，既要观其言，又要观其行，只说不做，言不由衷的假象应当被揭露。其次，考察其行动，要全面地考察，因为有些人是表里如一的，有些人是表里不一的，有些表面行动的假象可能掩盖其真实的内心世界，应当去伪存真。通过准确判断，可以还人的心理世界以真相，准确评价其道德素养的层次与水平。有些人夸夸其谈，只说不做，有些人明里做一套，暗里做一套，表里不一；有些人说得少，做得多，脚踏实地，勤勤恳恳，任劳任怨。不同人的不同行为，反映出截然不同的道德素养和道德水准，通过准确评价，努力恢复人的本来面目，可以为用人提供准确的依据。

3. 坚持实践检验标准

总而言之，对人的道德素养、道德水准的评价和检验，要坚持实践检验的标准。坚持实践检验，可以实现对人客观准确的评价，体现社会的公平公正。社会的公平公正是社会主义的道德原则之一，是社会主义核心价值观的要求之一，也是社会运行机制和社会法治的要求之一。这种公平公正，表现在调整社会关系，表现在对社会成员的权利实现，表现在对社会成员的客观评价等，通过实践检验而体现社会的公平正义，反映出社会主义社会的性质。坚持实践检验，符合马克思主义的认识论。马克思主义认识论的基本原理包括实践是认识的基础，实践在认识中的决定作用；坚持实事求是，一切从实际出发，在实践中检验和发展真理等。对一个人道德素养、道德水准的评价，坚持去伪存真的实际行动的评价，与马克思主义认识论的要求是一致的。

（二）实践既是检验标准，也是培养和锻炼的途径

1. 实践能磨炼人的意志

人的成长与进步，基本途径是社会实践，任何有作为的人的特质，都是在实践中形成的，反过来又运用于实践。参与社会实践活动，诸多现实问题需要解决，现实矛盾需要处理，解决和处理矛盾的过程，就是实践和提高的过程，正确认识社会、认识人与人之间关系的过程。劳动作为实践的基本方式，不仅促进心理的成熟，还能锻炼身体，强健体魄，尤其是艰苦的生活实践，更能磨炼人的意志，促进人的健康成长。现实的实践也证明，凡是经过艰苦生活磨炼的人，大都是意志坚强、不屈不挠的人。随着社会的发展和人们物质条件的改善，人们已经很少能体验曾经的艰苦生活了，也有些人不愿意参与社会实践、回避艰苦的实践了。解决这样的问题要从两个方面着手：一是从国家和社会层面，要尽量创造人们尤其是青少年参与社会实践的机会，鼓励人们在实践中锻炼成长；二是从社会个体成员的层面，要切实认识到实践对人的成长进步的重要性，以积极心态参与社会实践活动。

2. 坚持在实践中创新创造

创新是现代社会对人们的普遍要求，也是人们实现人生价值的需要，无论从事什么工作，都应有创新意识，用创新的精神开拓进取。现代社会的创新创造，都离不开社会实践，因为创新创造要在实践中完成，或者要经过实践的检验。一项科学技术，一种思想理论，既要有客观需求，又要有主观的立项和探索，人的主观创新意识加之客观的需求，是完成创新创造的基本条件。创新要有客观需求，要在实践中完成，没有实践支持、实践需求、实践验证的创新难以被认可。而同样的客观条件，有人做出了创新，有人没有做出创新，就与人的主观状态有关了。凡是能完成创新的人，首先要有创新创造的意识，其次是能与客观条件、社会实践紧密结合，努力适应客观需要。

二、坚持社会成员道德规范教育的全覆盖

（一）衡量社会的道德水准需要对全体社会成员的整体评价

1. 个别案例能够说明整体的问题但不能代表整体

在一个群体、一个社会中，经常出现能反映道德水准和精神文明程度的典型案例，引起社会的广泛关注，甚至引起社会的震动，这些案例可能是正面的、产生积极作用和影响的，也可能是负面的、具有消极影响的，这些典型案例能在某种程度上说明社会的道德规范建设的程度，但是否能以此来证明和评价社会的整体的道德规范建设状况和精神文明程度呢？应当是不可以的。因为任何文明社会都可能出现极不文明的人和事，发生一些负面的典型案例；哪怕是精神文明程度很低的社会也可能出现令人感动的道德高尚的事例，试图以某一些典型案例来评价社会的整体情况，就要犯以点代面、以偏概全的错误，也不符合马克思主义的认识论。一个社会的整体的精神文明程度的提升，道德素养水平的提升，表现为全体社会成员或者绝大多数成员的道德素养的提高。

2. 确立整体评价标准作为衡量和评价的依据

既然用个案评价整体是不准确、不科学的，就应当确立切实可行的科学的评价标准。目前世界上是否有被各个国家所共同认可的评价标准呢？目前还没有发现，各个国家自行其是还是基本现实，但评价中的共同或相似的标准是存在的。我国的评价标准应坚持的基本依据应是广义的社会主义道德规范、社会主义核心价值观。社会主义道德规范和社会主义核心价值观既有对社会个体成员的要求，也有对国家和社会层面的要求，做到这些要求，无论是对国家与社会的评价还是对社会成员的评价，都会达到较高的水平。结合我国目前的实际情况，应当重点进行以下五个方面的评价：一是社会的诚信程度；二是社会的和谐程度；三是社会的团结友爱程度；四是社会的公平正义程度；五是社会的遵纪守法程度。社会绝大多数成员能自觉遵守这些道德规范与核心价值，整个社会的精神文明水平会实现一个相当大的飞跃。

（二）社会主义道德规范教育的对象是全体公民

1. 社会文明状况与每一个人都有关系

社会文明状况对应着人们的生活环境和生活质量，每一个个体成员都是文明社会的受益者，是不文明社会的受害者，同时，每一个个体成员对社会的道德规范建设、文明社会建设都负有责任，多数人的道德自觉将对整个社会的文明建设产生非常积极的影响，大多数人积极参与文明社会建设，这个社会的文明建设就大有希望；反之，大多数人认为文明社会建设与己无关，将自己排除在文明建设的群体之外，可以享受文明，但不参与文明建设，甚至破坏文明，则会阻碍社会文明的进步。"承担社会文明建设的责任不差我一个"是极其错误的，如果大家都这样想，何谈社会文明的进步。

2. 道德规范建设人人负有责任

如上所述，道德规范建设、文明社会建设人人有责，应当怎样承担起责任呢？首先，要从我做起，将社会的道德规范建设作为应尽职责，向道德模范学习，不受不良现象影响，不受他人的负面影响，坚定地承担起道德责任。其次，要从现在做起，立足当下，付诸扎扎实实的行动，不观望，不等待，只争朝夕。再次，要从小事做起，道德素养的养成靠点滴积累，从最简单的小事做起，"不因事小而不为"，积小成大，积少成多，由量变到质变，形成稳定的良好的道德素养。最后，要同不道德、不文明行为进行旗帜鲜明的斗争，社会不文明的现象经常出现，不道德的案例经常可见，如果习以为常，熟视无睹，无形中就会助长这类现象的发生；如果能挺身而出，旗帜鲜明地进行斗争，那么就会一定程度地遏制这类不道德、不文明的现象发生。当然，还要划清道德与不道德的界限，防止盲目行动，好心办坏事，虽然有良好的出发点，却产生不良后果。

3. 正确处理道德规范建设中的重点和一般的关系

就道德规范教育的对象而言，不同的社会群体，其身心成熟的程度不同，对社会的理解和认知不同，其教育背景和基础条件不同，接受道德规范教育的程度也不同，其从事的职业对整个社会的影响程度也不同。因此，道德规范建设的重点应当有所不同。前面有两章专门论及的青少年道德规范建设和公职人员的道德规范建设，就是将这两类群体作为重点来探讨的。但探讨道德规范建设的重点对象，并不是忽略其他群体的道德规范建设，更不是可有可无，道德规范建设涉及社会的所有群体，涉及所有社会成员。只有社会成员的整体的道德水准的提高才能标志社会道德水准和文明程度的提高，对社会所有成员的道德规范建设，有必要进行整体规划设计。

4. 道德规范教育一个都不能少

为实现对社会全体成员的道德规范教育，提高全社会的整体道德水准，实现人人受到道德规范教育的全覆盖的局面，需要采取切实可行的措施予以落实。首先，道德规范教育的全覆盖要进行科学规划。就我国而言，人口之多，人们从事的工作之复杂，人们道德素养的基础之差别等都是客观存在，为实现全覆盖的道德规范教育造成了很大的困难，应当从实际出发，根据各种情况的不同，制定出可供执行的科学计划，有效地组织实施。其次，道德规范教育的全覆盖要从基层落实。道德规范的全覆盖教育重在基层的落实，如果仅仅上面重视，基层忽视，那么任何计划都难以落实，只能是"雷声大，雨点小"，不了了之。因此，必须将责任落实到基层，由基层落到实处。再次，道德规范教育的全覆盖要采取多种形式。由于人们从事不同的工作，全覆盖教育要采取整齐划一的形式几乎是不可能的，应当针对不同的对象，采取灵活多样的措施来实现。对于学生、军人、公职人员、国有企业职工等便于组织的人员，可以适用授课、讲座等方式。对于私营企业人员、农民工、临时工、农民等较松散的人员，可以通过组织或要求收听收看广播、电视、报纸等形式，也可以通过发送宣传资料、组织评选先进等形式。鉴于所有社会成员都被各种宣传媒体所覆盖，他们每天都要接触不同形式的媒体，因此所有宣传媒体，尤其是网络媒体要宣传各种道德模范的事迹，倡导正能量，鼓舞人们向道德模范学习，做自觉遵守道德规范的公民。最后，道德规范教育的全覆盖要经常总结和交流经验。针对不同的社会成员遵守道德规范的情况，各级组织应当经常进行总结和交流，发现典型，利用好典型，带动整个社会的道德规范建设。

三、实现道德评价的"软"约束与"硬"约束的结合

（一）道德的调整方式不具有强制性

1. 道德的具体调整方式

道德作为一种重要的行为规范，对人们的行为具有有效调整，其调整方式前面已有述及，其具体调整方式主要有：第一，社会舆论是重要的方式，对于一个人的行为，如果社会舆论一致肯定和赞扬，会起到激励、鼓舞的作用，如果社会舆论一致否定、批评、谴责，会使绝大多数当事人震惊、恐惧、悔悟，或者面临巨大的精神压力，约束其避免重新再来；第二，传统习惯的作用表现为长期形成的约定俗成的行为规则延续至今，成为判断人们行为善恶是非的标准、尺度，违反这些规则既可能受到内心的自我谴责，又可能受到周围人的负面评价，还可能受到家族家规的处罚；第三，内心信念的反思与评价也具有重要作用，由于各种因素的作用，几乎每个人都有一种内心对善恶是非的判断和评价，明知是不道德的行为而为之，会受到良心的自我谴责，甚至会产生心理上巨大痛苦，这种自我认知、自我调整的过程，是道德调整的重要方式。还应当注意到，道德不仅调整人们的外在行为表现，对其进行善恶是非的评价，还能调整人们的内在心理活动，这是道德规范与法律规范的重要区别之一。

2. 道德调整方式的特点

相对于法律的调整方式，道德的调整不具有强制性，被称为"软"约束，但这并不是说，道德规范对人们思想与行为的调整没有作用，或者作用不大。在现实社会中，道德规范作为行为规范之一，其作用十分巨大、不可离开。因为一个人的行为一旦被道德规范所否定，就会被公众所谴责，被群体所驱离，甚至寸步难行，不要说实现人生价值，就连生活都会陷入困境。当然，我们的社会中是否有这样的人，对公众的批评与谴责不以为然，仍然我行我素？尽管是极少数，但还是存在的，对于这样的人，应当有针对性措施。

（二）适度的"硬"约束有利于道德规范的遵守

1. "硬"约束的基本含义

相对于"软"约束，在道德层面的必要的"硬"约束是十分必

要的。所谓"硬"约束，是指制定和适用一些制度性质的规定，对违反道德规范者予以处理，足以引以为戒的约束。适用"硬"约束的对象是违反道德规范者，属于道德层面的处理，不属于法律层面的惩罚，但要使违反道德规范者因其不道德行为而付出应有的代价。"硬"约束是对"软"约束的适当补充，意在增强道德规范的约束强度，促进人们遵守道德规范的自觉性，对于那些不顾及道德规范的人，使之承受一定的后果。

2. "硬"约束的实施主体

"硬"约束是国家机关、企事业单位、社会团体、社会组织对其内部成员在遵守道德规范方面所采取的措施，对组织与群体之外的人没有效力。如各级各类学校对教师、企业对其内部职工、律师管理部门对律师事务所和律师、国家机关对公务员等，都可以以道德考核为依据，对违反道德规范者适用强制性规定，制约那些违反道德规范者。作为实施主体，制定措施的针对性要强，程度要适度，要在自己的职权和职责范围内，超出职权和职责的行为，无论出发点如何都是无效的。

3. "硬"约束的实施机制

实施"硬"约束还要建立科学的适用机制，不能盲目地、随意地、不负责任地适用，用得不好还可能产生不良后果。首先，要确立违反道德规范的事实认定机制，尊重客观事实，注重证据的采信，防止主观臆断。其次，要依据违反道德规范的性质和情节，对照规定的条款，准确处理。最后，要允许当事人发表不同意见，针对其辩解谨慎研究，准确认定。适用"硬"约束的目的是以教育为主，要给当事人改正纠偏的机会，尽量防止一棒子把人打死、不给出路的情况出现。

（三）采取有效措施实现"软"约束与"硬"约束的结合

1. 适用"硬"约束的合法适度

对违反道德规范的行为，只能在道德规范适用的范围内解决，辅之以行政的、管理的手段，不能超出这一限度，如不能适用法律的强制性规范；否则，超出限度的"硬"约束可能涉嫌违反规范的调整范围。任何行为规范的调整范围都是确定的，超出范围的调整可能导致无效。这里所说的"硬"约束与法律的强制性的主要区别表现为:"硬"约束适用于违反道德规范的行为,法律的强制性适用于违反法律规范的行为;"硬"约束的制定主体是相关机关、团体、企事业单位,法律的强制性规范要由国家制定;"硬"约束适用的对象是有组织的某些人,无组织的人难以适用,法律的强制性适用于社会的所有成员,谁违反法律都可以处罚;"硬"约束的制约表现为否定和取消等,法律的强制性表现为对人身自由和财产的强制处罚;"硬"约束的直接后果可能是某些资格的丧失,法律强制性的直接后果可能是人身自由的丧失或财产的丧失。

2. 制定"硬"约束的具体措施要切实可行

试图适用辅助性措施进行"硬"约束的组织或单位,在制定具体"硬"约束措施时,要从本部门、本单位的管理与组织工作的实际情况出发,从整个社会的道德建设的状况出发,确定切实可行的措施。具体方式可以在录用提拔、晋职晋级、评优等方面实现道德方面的"一票否决",如果在道德上存在缺陷还提拔重用,可能为未来出现重大问题留下隐患,那么也应当属于"带病提拔"的性质。同时,有些违反道德规范的人,尽管不能适用法律规范进行强制性处罚,但却可以对照党纪政纪进行处理,党纪政纪中的许多规定对违反道德规范的行为的处理有明确的规定。教育部印发的《关于深化高校教师考核评价制度改革的指导意见》中,要求提高高校教师教学业绩在校内绩效分配、职称(职务)评聘、岗位晋级考核中的比重。其中特别强化了师德考核力度,将师德考核摆在高校教师考核的首位,包括推行师德考核负面清单制度,建立教师师德档案,实行师德"一票否决"等,这对于加强高校教师队伍建设,强调道德规范建设,具有指导性作用。

3. 实施"硬"约束追求的目标

在整个社会的道德规范建设中,"硬"约束是加强道德规范建设的方式之一,但它体现的是社会的倡导和要求,服务于现实的道德规范建设,具有独特的不可替代的作用。新时代中国特色社会主义道德规范建设,伴随着民族复兴的历史进程,将随着时代的发展进步而进步,道德规范建设的"硬"约束在这一过程中也应当发挥应有的作用。

参考文献

［1］ 现代汉语小词典（1983 修订本）［M］.北京：商务印书馆,1988：196.

［2］ 辞海（下）［M］.上海：上海辞书出版社,1977：1526.

［3］ 词源（四）［M］.北京：商务印书馆,1983：2855.

［4］ 魏长领,李源.法治国家建设的道德基础［J］.伦理学研究,2018（2）：1-7.

［5］ 温克勤.近现代著名学者怎样看待宗教与道德的关系［J］.道德与文明,2003（1）：36-41.

［6］ 辞海（上）［M］.上海：上海辞书出版社,1977：93.

［7］ 李晓东.社会主义核心价值观关键词：文明［M］.北京：中国人民大学出版社,2015：103.

［8］ 韩震,严育.社会主义核心价值观关键词：法治［M］.北京：中国人民大学出版社,2015：94-95.

［9］ 冯刚,刘晓玲.坚持以文化人 深入推进社会主义核心价值观培育践行［J］.思想理论教育导刊,2016（1）：96-99.

［10］ 周涛.社会主义核心价值观教育融入大学生日常生活的策略探析［J］.思想教育研究,2015（11）：85-88.

［11］ 石碧球.社会主义核心价值观关键词：民主［M］.北京：中国人民大学出版社,2015：31-34.

［12］ 刘翔,薛刚.社会主义核心价值观关键词：诚信［M］.北京：中国人民大学出版社,2015：45-56.

［13］ 中共中央党史研究室.中国共产党历史：第 1 卷（上册）［M］.北京：中共党史出版社,2011：42-43.

［14］ 毛泽东.毛泽东选集：第 4 卷［M］.北京：人民出版社,1991：

1471.

[15] 马华,冀鹏.西方历史虚无主义四种理论形态及其批判[J].马克思主义与现实,2016(5):179-187.

[16] 于沛.后现代主义历史观和历史虚无主义[J].历史研究,2015(3):9-13.

[17] 刘森林.历史虚无主义的三重动因[J].哲学研究,2015(1):11-18.

[18] 赵兴宏,王健.伦理学原理[M].沈阳:辽宁人民出版社,2006:192.

[19] 朱继东.确保党和国家事业始终沿着正确方向胜利前进[J].思想教育研究,2017(8):5-6.

[20] 朱琳,叶松庆.当代青少年道德教育的现状与对策研究[J].教育科学,2016(1):20-26.

[21] 吴鹏,刘华山,鲁路捷,等.青少年网络不道德行为与父母教养方式的关系[J].心理科学,2013(2):372-377.

[22] 喻军,曾长秋.论国家公职人员的道德规范与法律规制[J].东南学术,2013(6):34-39.

[23] 杨翔宇.加强国家干部职业道德建设 提升公职人员思想政治素质[J].产业与科技论坛,2015(20):13-14.

[24] 吴潜涛,杨峻岭.改革开放以来我国青少年道德教育理念变迁的主要特点[J].道德与文明,2008(5):31-34.

[25] 颜晓峰.人民日益增长的美好生活需要对思想政治教育提出的新课题[J].思想教育研究,2018(3):6-9.

[26] 张志丹.道德模范与培育和践行社会主义核心价值观[J].中共南京市委党校学报,2015(6):97-99.

[27] 柳礼泉,庞申伟.道德模范选树与公民道德建设[J].伦理学研究,2015(6):35-39.

[28] 崔婷婷.论道德模范影响力的提升[J].湖南社会科学,2012(6):8-11.

[29] 李小文.试论道德模范在道德建设中的引领作用[J].吕梁教育学院学报,2007(3):56-58.

［30］ 张之沧.论马克思的道德实践［J］.道德与文明,2007（3）:8-10.

［31］ 卢婷.会计人员职业道德与专业能力［J］.合作经济与科技,2015（4）:164-165.